もちろん，本書はこれから厳しい検証や批判にさらされていく。だが，そのことが熊谷さんのみでなく，多くの実践者や研究者に資するものとなることを願っている。

横浜国立大学大学院教育学研究科
教授　髙木まさき

はじめに

　今まで，多くの先生方から「国語の授業，特に物語を読む授業で，何をどう教えたらよいか分からない。」という質問を頂いてきた。確かに，物語を使った授業において，何を教えるか，教わるかは曖昧である。

　こうした曖昧さの一方で，「小学校の国語科で何を教わったか。」という問いに，「ごんぎつね」「大造じいさんとガン」など，いわゆる物語教材（文学的文章）の題名で答える人は少なくない。「話すこと・聞くこと」についても，「書くこと」についても学習し，さらには「読むこと」において説明文教材を読む学習もしているのに，である。それだけ物語教材は，学習内容の曖昧さとは裏腹に，子供にとって，いや，われわれにとって国語科教育の象徴的存在ともいえる。

　しかし，よく考えてみると「何を教わったか」という問いに対して「教材名」で答えるのは，当を得ていない。国語科において，「ごんぎつね」「大造じいさんとガン」は教わる「内容」ではない。あくまで教わるための「材」なのである。

　授業者であるわれわれ教員は，学習指導要領の指導事項に基づき教える。たとえば平成29年版学習指導要領によるなら，「大造じいさんとガン」のような高学年の物語教材では，「登場人物の相互関係や心情について，描写を基に捉えること」，あるいは「人物像や物語などの全体像を具体的に想像したり，表現の効果を考えたりすること」などを指導していく。ならば，先の問いには，「描写を基にした心情の捉え方を教わった」とか，「人物像の想像の仕方を教わった」というような答えが返ってこなければならない。いや，こんな立派な指導事項レベルでの回答でなくてもいい。せめてちょっとした用語でも使って，「『大造じいさんとガン』で『情景』や『比喩』などの『描写』について教わった」というような答えを期待したい。

しかし、現実はそうならない。物語教材で何を教わったのか自覚がなく、また、教える側も何を教えるのか、いまだによく認識できていないからである。

なんとか今まで曖昧だった教える内容を、中でも特に曖昧な「知識・技能」をはっきりさせられないものか。そして、授業をする先生方が「1年生で教えるべきことは、ずばり、これ。2年生では……」と意識できるくらいの、あるいは子供たちが何を教わったのかが実感できるくらいの具体を示せないか。

こうした思いが本書の出発点である。

平成29年に告示された新学習指導要領において、指導事項は低・中・高の三段階に分けてひとまず系統化されてはいる。しかし、指導事項レベルではあまりにも抽象的すぎて、指導する側もされる側も具体的指導内容が見えにくい。このままでは、なんのために授業時間をたくさん使って物語（文学的文章）を読まなくてはいけないのか、という意義がはっきりと実感できないまま、われわれ教員は日々授業をし、子供は授業を受けていかなくてはならない。

意義のないことはしたくない。かといって、物語教材を読む学習は意義がないのかというと、そんなはずはあるまい。

本書では、今までの学習指導要領の指導事項、現行教科書の学習用語、様々な先行実践・研究、そして自分自身が実際に授業をしたり、見たりしてきた経験を拠り所として、物語教材を用いて何を教えるのかを、系統表にして示した。

本書が、物語教材を用いた授業において、具体的知識・技能を指導していくための手掛かりとなってくれるならば、幸甚である。

熊谷潤平

目次

巻頭言　2
はじめに　4

第1章　「嫌い」「分からない」を生む物語の授業

1　教えるべき内容が不明瞭な物語教材　8
2　教師の知らない「児童は物語教材が嫌い」という現実　11
3　物語を読む学習の「分からなさ」　14
4　どんな力が付いたのかを明確に　15

第2章　学習指導要領と教科書が要求する知識・技能

1　学習指導要領（昭和22年版〜平成29年版）が要求する能力　19
　①昭和22年版学習指導要領／②昭和26年版学習指導要領
　③昭和33年版学習指導要領／④昭和43年版学習指導要領
　⑤昭和52年版学習指導要領／⑥平成元年版学習指導要領
　⑦平成10年版学習指導要領／⑧平成20年版学習指導要領
　⑨平成29年版学習指導要領
2　全社教科書（平成27〜31年版）の「学習の手引き」と「学習用語」　41
　①光村図書／②教育出版／③東京書籍／④学校図書／⑤三省堂

第3章　先行実践・研究における知識・技能の系統化の試み

1　輿水実「国語学力の学年基準」　66
2　藤井圀彦「批評学習における『用語』の学年配当（試案）」　71
3　「横浜・国語教育を創造する会」の系統表　74
4　浜本純逸「学習用語の系統」　77

5　『横浜版学習指導要領　国語科編』が示す知識・技能　78

6　片山守道 (東京学芸大附属小)「『読むこと』基本学習用語系統表 (試案)」　80

7　大西忠治「科学的『読み』の授業研究会」　82

8　西郷竹彦「文芸学理論」　83

9　鶴田清司「作品分析法」　84

10　白石範孝編著「読みの力を育てる用語」　87

第4章　学習用語による知識・技能の意識化と自覚化

1　学習用語の選定　89

2　知識・技能の「層」による性質の違い　97

3　6年間で教える学習用語（熊谷試案）　100

4　授業の中でどのように用語を提示していくのか〜授業実践〜　102

　①児童が学習用語をほとんど教わっていない場合の実践

　　〜光村図書ほか5年物語教材〜

　②学習用語を継続的に教わっている場合の実践

　　〜光村図書6年物語教材〜

第5章　学習用語を獲得させる意義

1　読みの広がりと深まり　115

2　学習の円滑化　118

3　「書くこと」への作用　119

4　新しい世界の感受と認識の獲得・深化　120

おわりに　123

第1章

「嫌い」「分からない」を生む物語の授業

1　教えるべき内容が不明瞭な物語教材

　本書では，小学校物語教材を用いた学習指導における，6年間で教えるべき具体的知識・技能を「学習用語」という形で明確化・系統化し，それに基づいた授業づくりを提案する。これにより，指導者も児童も「何のために物語を授業で読むのか」という意義を自覚しながら，物語を用いた学習において充実感や有用感を得ることができる，というのが本書における主張である。

　このような主張をするに至った経緯は以下のとおりである。

　物語教材単元は，とかく指導内容が不明瞭になりがちだ。指導する側も指導される側も，「どんな知識・技能が身に付いたのか」が分かりにくい。

　たとえば，長らく行われ，今なおどこの教室でも見られる学習活動に，「登場人物の気持ちの読み取り」がある。この活動は，教科書に物語教材が出てくるたびに，繰り返し行われる。繰り返し行われるのはいいのだが，それで児童はどんな知識・技能を身に付けたといえるのか。児童はおろか指導者さえ，なかなか明確には答えられないのが現実だ。

　これでは，せっかく授業で物語を読んだとしても，児童は意義を感じられまい。指導者も，教えるべき知識・技能が明確でないから，何をどう指導したらいいのか不安になってしまう。だから，物語を授業で読む学習がつまらなくなる。学習における充足感もなくなる。

　ならば，楽しい「活動的な学習」にしよう，ということで，安易に形式的な音読発表会をさせてみたり，本の紹介ポスターなどを作らせたりしても，いわゆる「活動あって学びなし」という状況に陥ってしまう。（音読発表会

8

や紹介ポスターそのものが悪いわけではない。）これはまさに学習の空洞化といえる。

　平成20年に現行学習指導要領が改訂された際，文科省が「言語活動の充実」を謳った。けれども，この「言語活動」の中に教えるべき知識・技能が伴っていなければ充実するはずはない。教えるべき知識・技能が伴ってこそ，音読発表会も劇も充実し「学びある活動」になり得るのである。

　だからこそ，教えるべき知識・技能を明確化・具体化しなければならない。

　では，どうすれば明確化・具体化できるのか。こうした問いに対する答えの一つが「学習用語」である。

　学習者が学習用語を認識し，それを知識として吸収すれば，吸収した用語（＝知識）は技能に転化され，活用され始める。

　たとえば，ある小学校４年生の児童が「語り手」という学習用語を教わる。「語り手」という知識を得ることで初めて，「語り手」とは物語の作者ではないということを理解する。「語り手≠作者」あるいは「語り手≒作者」という認識は，小学生にとっては実に衝撃的なことである。と同時に，物語を客観的に読む技能を手に入れることにもなる。そういう意味では「語り手」という用語は，知識であり技能である（＝知識・技能である）ということができるのである。

　このように，技能となり得る知識，つまり学習用語を明確にしたうえで選定・整理し，系統化していくことで，意義ある物語単元を実現することができるはずである。

　さて，本書の中で行われる学習用語の選定・整理にあたっては，以下のような方法をとっている。

　まずは，物語教材を用いた指導の問題点をあげ，教えるべき知識・技能が曖昧なまま指導が行われている現状を再確認する。これが第１章である。

　次に，第２章で，教えるべき知識・技能を明確化・具体化するために，今

第1章　「嫌い」「分からない」を生む物語の授業　9

までの学習指導要領の指導事項を見て，どんな能力の育成が目指されてきたのか整理し，知識・技能的要素の抽出をする。ただし，どうしても抽象的な表現が多くなりがちな指導事項からは，具体的知識・技能が見えにくい。そこで，教科書（平成27〜31年版光村図書・教育出版・東京書籍・学校図書・三省堂）が示す学習の手引き・学習用語から，教科書レベルではどんな知識・技能が要求・提示されているのかを見る。教科書は，実際に行う学習活動や教える学習用語を示しているので，学習指導要領から一歩進んだ，ある程度具体化された知識・技能が見えてくるはずである。

第3章では，様々な先行実践・研究を見る。これらの実践・研究においては，物語教材を用いた学習指導における知識・技能の明確化・具体化や系統化が試みられている。これらの明確化・具体化や系統化の妥当性を検証していく。

このように，今までの学習指導要領，教科書における学習の手引き及び学習用語，先行実践・研究などを基礎資料とし，「学習用語」として提示・使用することを念頭に置きながら，知識・技能的「要素」を抽出する。これらに自分自身の24年間の授業経験を加えて学習用語を選定・整理し，6年間で教える用語系統表として提示する。これが第4章である。

第2〜4章において行う知識・技能的要素の抽出と，用語の選定・整理においては，できるだけ恣意的，主観的にならないよう配慮した。教科書（学習の手引き）での言葉の使われ方や，過去の学習指導要領や先行研究における記述内容を比較し，「実際に授業で提示・使用するとしたら」ということを常に想定し，バランスを欠いた現実味のない知識・技能（用語）にならないように抽出・選定・整理した。ということは，絶対的な基準による抽出・選定・整理ではない。誰がやってもこの抽出・選定・整理の結果が同じになるかといわれれば，そうはならないであろう。しかしながら，公立学校で24年間授業をし，これまでの学習指導要領や国語教科書，その他の先行研究・資料を見渡して抽出・選定・整理された用語群は，現場の先生方からそれほどの違和感なく一定の共感を得られるのではないかと自負している。

第５章では，系統化して示した知識・技能（学習用語）の先にあるものは何か，すなわち，これらの知識・技能を教えることにはいったいどんな意義があるのかを考えていく。物語単元の中でしか使われないような，閉じた知識・技能では，やはり教える意義が少なくなってしまうからだ。

　なお，手っ取り早く，まずは試案を見たいという方には第４章から読んでいくことをおすすめしたい。

　では早速，物語教材単元を用いた学習指導の，現状における問題点を考えていきたいと思う。

２　教師の知らない「児童は物語教材が嫌い」という現実

　国立教育政策研究所教育課程研究センターの教育課程実施状況調査（平成15年が最新）[1]によると，国語の勉強が好きかどうかを問う調査項目（質問）に対し「そう思わない」「どちらかといえばそう思わない」と回答した児童は，５年生が36.7％，６年生が42.1％に上った。（最近行われた平成29年度全国学力・学習状況調査でも39.2％）[2]

　さて，これが，「国語が好きか嫌いか」ではなく，「国語の勉強は大切かどうか」を問う項目になると，「そう思わない（大切ではない）」「どちらかといえばそう思わない」と回答した児童は，5,6年生共に10％に満たなかった。「そう思う（大切だ）」「どちらかといえばそう思う」という児童は，共に80％を超える。（H29の６年生は91.1％）

　つまり子供たちは，「国語が好きではないが，大切である」と思っている

---

[1] 　国立教育政策研究所「平成15年度　小学校教育課程実施状況調査報告書－小学校国語－」（2005.４）
[2] 　国立教育政策研究所「平成29年度　全国学力・学習状況調査【小学校】報告書」（2017.12)

ことが分かる。逆にいうなら，大切だと分かっているのに，好きになれないのである。では，何が子供たちの意欲を減退させているのか。

実は，その一因が物語教材（文学的文章）を用いた学習指導に見て取れる。

国語科の中でも，特に物語教材を用いた学習は，思いのほか児童に嫌われているのである。

先の教育課程実施状況調査報告書によると，文学的な文章を読むことが「嫌い」と答えた児童は5年が44.4%，6年が46.1%に上っていた。対して「好き」と答えた児童は5年が33.4%，6年が32.4%に留まる。

これに対して，教えている教師はというと，5，6年教師の71.7%が「文学的文章は児童が興味を持ちやすい」と回答している。つまり，7割近い教師は「物語教材は児童が興味を持ちやすい」と認識しているのに，実際に物語教材を読むことが好きな児童はわずか3割程度なのである。

この意識の格差が問題である。「児童は物語が好き」という認識と，「児童は物語が嫌い」という認識とでは，自ずと単元の構想，言語活動の選定，具体的指導の手立て等が変わってくる。「児童は物語が好き」という勘違いは，指導におけるある種の油断も生じさせよう。最初から「実は児童は物語が嫌いなのだ」という認識があれば，教える側の構えや覚悟が違ってくる。少しでも「嫌い」から「好き」に変容するよう様々な指導方法の工夫もするだろう。児童の意欲を引き出すような，楽しく充実した言語活動を設定しよう，単元開発をしよう，という授業改善への意識にもつながっていくはずだ。

このような児童と教師の意識の格差の問題に加え，物語教材を用いた学習における言語活動・指導内容の偏りや，関心・意欲・態度を高める工夫の不足が，次のことから透けて見えてくる。

平成15年度の小中学校教育課程実施状況調査において，文学的な文章の表現の工夫や特徴を問う問題では，設定通過率（5年65%，6年60%）を5,6年生共に10%以上も下回った（5年40.9%，6年49.7%）。このことから，文科省は，心情把握やあらすじ・内容を捉える学習に偏って，表現についてあまり指導していない現状を指摘した。

さらに文科省は「今回の調査結果を踏まえた指導上の改善点」として，「表現の方法や工夫を評価する言語活動の充実」「多読や比べ読みなどの多様な読書活動の充実」「国語への関心・意欲・態度を高める言語活動の充実」など７点を挙げている。

　「国語への関心・意欲・態度を高める言語活動の充実」の項では，比較的分かりにくいと思っている学習活動が「文学的文章を読むこと」をはじめとした読むこと領域に集中していることを挙げたうえで，

　　読むこと領域における言語活動に課題が多いことに着目すると，各種のジャンルの本を読んだり，単元内で積極的に多読することを並行するなどの工夫をし，児童の実態に即して興味を喚起し，読むことへの関心・意欲・態度を高めるようにする必要がある。

と指摘している。

　こうした指摘からも，物語教材を読む学習では

・心情把握・あらすじ・内容を捉える学習に偏っている
・興味を喚起し，関心・意欲・態度を高める工夫が不足している

ことが問題点として浮き上がってくる。

　にもかかわらず，現実を知らない教師はよかれと思い，児童が好きでない物語教材を指導の工夫もなしに与える。そして，古くから行われてきた心情・内容の詳細な読解活動を繰り返す。工夫もないまま，嫌いな物語教材とマンネリ化した言語活動を与えられ，児童はますます物語教材を読むのが嫌になる。そして国語の時間が憂鬱になっていく。悪循環である。

　国語嫌いをなくすためにも，まずは「物語教材（文学的文章）嫌い」をなくしていかなければならない。

第1章 「嫌い」「分からない」を生む物語の授業　13

3 物語を読む学習の「分からなさ」

　国語科の中で児童が「分かる」と感じている学習活動を，平成13年度の教育課程実施状況調査報告書[3]が具体的に示している。

　具体例を挙げると，16の学習活動の中で，児童が「よく分かった」としているのは，「みんなで話し合うこと」「辞書を利用して調べること」「漢字を読んだり書いたりすること」などである。

　一方で，「文学的な文章を読むこと」はどう感じられているのか。

　実に，16項目中，6年生で14位，5年生にいたっては15位である。それほど物語を読む学習は「よく分かった」という意識を持たれていない。

　報告書は次のように述べる。

　　この調査結果においても，上位には言語事項に関する項目が並んでいる。言語事項を，「好きだ」というだけでなく，児童は「分かる」ととらえているといえそうだ。「漢字を読んだり書いたりすること」や「辞書を利用して調べること」などは学習方法や正誤がはっきりしていることから，「分かる」という意識に結び付くのだろう。

　もともと国語科という教科は，何が正解なのか分かりにくい。教師は何を指導すればいいのか見えにくい。

　とりわけ国語科の中でも分かりにくく，見えにくいのが「物語（文学）教材を用いた学習」なのである。鶴田清司も『文学教材で何を教えるか』[4]の中で次のように述べている。

　　もちろん，国語科の中でも，語句・文字・表記・言葉づかい・文法などの

---

[3]　国立教育政策研究所「平成13年度　小中学校教育課程実施状況調査報告書－小学校国語－」（2003．5）

[4]　鶴田清司著『文学教材で何を教えるか』学事出版（1990）

指導領域には〈正解〉がある。さらに，科学的・実用的な文章の読み書きの場合にも〈正解〉がある。正確な伝達・理解を要する言葉・文章の場合は誤りが許されない。そうした読み書きの能力は，人間がコミュニケーションや社会生活を円滑に営むための必須条件だからである。

ところが，文学作品の場合はどうか。

本来，文学作品は読んで楽しむものである。つまらないと思ったら読むのを止めればよい。いや，そもそもどういう目的で読むか（娯楽，教養，暇つぶし……）ということさえ自由なのである。

（鶴田清司著『文学教材で何を教えるか』学事出版，1990）

読む目的が自由なはずの物語教材を，わざわざ用いてわれわれは何を指導するのか。子供たちは物語教材を用いた学習で，どんな具体的知識・技能を身に付けることができるのか。これらをはっきりさせることで学習の意義が見えてくる。これらがはっきりしないことには，子供は何のために物語教材を読むのか，意義・意味を見出せない。つまり学びの必然性を感じられないということになる。

4 どんな力が付いたのかを明確に

2006年に，横浜市内の公立小学校4校（A区，B区，C区，D区）において「物語教材を使った学習に関するアンケート」（5,6年児童679名）を実施した。アンケートでは「国語が好きか嫌いか」「物語教材を読む学習は好きか嫌いか」「物語教材を読む学習でどんな力が身についていると思うか」などの項目を調査した。

本アンケートにおいて，「物語教材を使った学習が嫌い」と答えた児童は679名中123名であった。この123名のうち，「身に付いた力が分からない」と答えた児童の割合は，4割近くにまで達した（表1-4-1）。物語教材を用いた学習が嫌いな児童のうち4割は，身に付く力について無自覚なまま授業

第1章 「嫌い」「分からない」を生む物語の授業　15

を受け，物語を読んで（読まされて）いるのである。この実態を踏まえるならば，もしも「物語を読んでこんな具体的な力を身に付けるのだよ」と先生たちが言い，教えてやることができたならば，物語教材を読むことが嫌いな児童の意欲の減退を幾分かでも防げるのではないだろうか。

表1-4-1 「身に付く力」の自覚〜物語の学習が嫌いな子〜（N＝123）

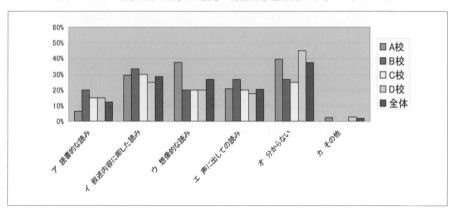

では，物語教材で身に付けるべき力とはどんなものなのであろうか。

それを知るためには，まず学習指導要領の指導事項を見ればよい。教員が指導し，育てるべき力がそこに示されているからだ。ただし，指導事項は抽象度が高く，具体的能力が見えにくい。たとえば平成29年版学習指導要領における「C　読むこと」の指導事項（5,6年）に「イ　登場人物の相互関係や心情などについて，描写を基に捉えること。」というものがあるが，これでは児童が身に付けるべき能力が曖昧だ。「人物」「相互関係」「心情」「描写」「捉える」とは何なのか。学習指導要領を拠り所にしている教科書の物語教材の学習の手引きや，その中に示された学習用語などから，さらに具体的な知識・技能の要素を抽出する必要もあるだろう。

このような過程を経て，知識・技能がある程度具体的に提示されていけば，教員は何を教えるべきかはっきりし，教わる児童も何を教わったか自覚しや

すいであろう。

今回（平成29年12月）の学習指導要領改訂にあたり，中央教育審議会初等中等教育分科会教育課程部会 言語能力の向上に関する特別チームにおいて，言語能力を構成する資質・能力について整理された。この際に踏まえられたのが平成16年2月の文化審議会答申「これからの時代に求められる国語力について」等における議論である。この「これからの時代に求められる国語力について」では，「これからの時代に求められる国語力の構造」として，以下のように示されている。（傍線部：熊谷）

---

①考える力，感じる力，想像する力，表す力から成る，言語を中心とした情報を処理・操作する領域

②考える力や，表す力などを支え，その基盤となる「国語の知識」や「教養・価値観・感性等」の領域

上記のことからも，言語を中心とした情報を処理・操作する技能と，基盤となる国語の知識を，より具体化・明確化する必要がある。

そこで，次章以降では，学習指導要領の指導事項と，現行の教科書の「学習の手引き」や提示された学習用語から，児童が要求されている「知識・技能の要素」と考えられるものを抽出していきたい。

なお，文部科学省HP[5]の学力の定義にもあるように，学力は知識・技能のみで語られるものではなく，学ぶ意欲や思考力・判断力等を総合したものであることはいうまでもないが，本書では，より見えやすい能力の具体を児童にも教員にも示すことを目的としているため，系統化・明確化する対象を「知識・技能」に絞っている。

---

[5] http://www.mext.go.jp/a_menu/shotou/gakuryoku/korekara.htm

第2章
学習指導要領と教科書が要求する知識・技能

　第2章では，児童に身に付けさせる能力をより具体化するために，昭和22年版から平成29年版の学習指導要領における指導事項を見ていく。学習指導要領は，少なくとも現状において，われわれ現場の教員が授業をする際の法的根拠となるものであり，大もとになるものであるからだ。

　昭和22年以来，現在までのおよそ70年間で九つの学習指導要領が世に出たわけだが，これらの中に示されている，「読むこと／読みかた／理解」領域の「文章の読解」に関する指導事項を分析していくことで，要求されている能力，あるいは要求され続けてきた能力を浮き彫りにしていくことができると考えられる。さらに，こうした能力の中から，物語文の「読解（文学的な文章の構造と内容の把握／精査・解釈）」において，特に必要な知識・技能といえそうな要素を抽出していきたい。本書が，物語教材（文学的文章）の「読解」に関する知識・技能を，より具体的にすることをねらいにしているので，平成29年版学習指導要領でいうところの「音読・朗読」や「考えの形成」「共有」や，説明文の読解に関する知識・技能については，混乱・混同を避けるため，敢えてここでは取り上げないこととする。

　抽出する際には，「知識・技能的要素」として成立し得るか慎重に吟味したうえで，学習用語に近い形（短く端的な言葉）で取り出した。そのほうが，より具体的で明確であるからだ。当然，誰がやっても同じ要素が抽出されるような「絶対的なフィルター」は存在しないわけだが，小学1年生から6年生という発達段階を想定し，知的にも，行為的にも，語彙的にも，できるだけ刺激性のあるものを要素として捉えた。それでも，「時」「場所（ところ）」「好きなところ」などは，1年生であっても刺激性は感じにくいと考えられるが，不可欠な要素として取り上げている。

さて，本章及び次章で抜き出す知識・技能の要素は，その性質・性格の違いにより，いくつかの層のものが混在している。考えられる層としては，次のようなものがある。

① 　新たに吸収・暗記させたい「知識」としての層
　　　→（例）「作者」「語り手」「会話文・地の文」「情景」「人物像」……など
② 　知識としての難しさや新鮮さは少なく，吸収・暗記すべきという性質のものではないが，物語を読解するうえで意識させたい「観点（着眼点）」としての層
　　　→（例）「移り変わり」「行動」「性格」「相互関係」「考え方」……など
③ 　物語を読むうえで必要な技能的「行為」としての層
　　　→（例）「想像する」「読み取る」「書き抜く」……など

　上記①～③の知識・観点・行為は，言葉にして教員が授業の中で児童に提示したり使ったりしていけば，それらの言葉はすべて学習用語ということができよう。しかし，だからといって学習用語として単純に一くくりにするのは違和感が伴う。したがって，後の第4章で用語を選定・整理し，試案を示す際に，用語の性質・性格による区別化を図りたいと考える。
　さらに，本章における目的は，あくまで知識・技能的「要素」の抽出であるので，抽出した要素を具体的にどのような学習用語（言葉遣い）で児童に示すかについても，第4章で述べることとする。

1　学習指導要領（昭和22年版～平成29年版）が要求する能力

①昭和22年版学習指導要領

　戦後の混乱期に，戦前の「教授要目」に代わるものとして作成されたのが22年版学習指導要領である。それは，従来までの「きゅうくつな」国語科教育から，子供の意欲を引き出し，かつ能力を育てていく国語科教育へ脱皮し

ようとしたものであった。[6]

　ところが，これまで，国語科学習指導は，せまい教室内の技術として研究せられることが多く，きゅうくつな読解と，形式にとらわれた作文に終始したきらいがある。

（昭和22年度（試案）学習指導要領国語科編「第一章　第二節　国語科学習指導の目標」より）

　しかし，あくまで拘束的なものではない，示唆的なものであった。だからこその「試案」であった。したがって，現在のような法的拘束力を持つ「官報」ではない。

　本書は，いろいろな面から，国語科学習指導の問題をとり扱ってあるが，要するに，実際の指導をできるだけ改善するために，その示唆を与えようとするものである。

（昭和22年度（試案）学習指導要領国語科編「第一章　まえがき」より）

　22年版学習指導要領は，6年間の指導段階を4期に分け，児童の傾向と指導目標を列記している＜表2-1-1＞。

表2-1-1　昭和22年度（試案）学習指導要領国語科編　読みかたの学習指導

	低学年		中学年		高学年	
	1年	2年	3年	4年	5年	6年
昭和二二年版学習指導要	1　低学年前期（一年，二年中期まで）における学習指導。 　この時期の読みは，しだいに読むということの意味をわからせ，そのしごとになれさせ，読みに対する興味と態度とをやしない，やが	2　低学年後期（二年中期より三年）における学習指導。 　この時期では，前期において指導された読書の諸能力や態度のうえに立って，さらに読みのはたらきをふかめていく。		（一）　第四，五，六年前期の学習指導。 1　文を誤りなく，正しく読んでいく。 2　読めない文字やわからない語句があったら，明らかにしていく。		（二）　第四，五，六年後期の学習指導。 1　文を正しく読むとともに，黙読で，なるべくはやく読んでいく。 2　最初の感じが正しいかどうかを，読みを重ねるにつれて，たし

---

[6]　学習指導要領データベース（http://www.nier.go.jp/guideline/index.htm）より。

領　読みかたの学習指導

て自由に読みとる境地に導いていく。同時に、文字を習得させ、日常生活の中からことばを整理し語いを拡大していく。

そのためには、次のような指導が考えられる。

（1）　ごく最初の時期には、話すことからはじめなければならない。この時期では読むということが話すことと併行していく。

（2）　読みのまえに話があり、話のあとに読みがあるというのがこの時期の読みかたである。

（3）　題目について考えたり、感じたりまた、その結果について話したがるように興味を感じさせなければならない。

（4）　読みへ導くためにさし絵が活用されなければならない。進んだ学年では、さし絵は付随的なものでよいが、最初の時期は、さし絵は、読みのはたらきを深めるための大きな役割をもっている。

（5）　日常経験の世界から心にふれるいろいろなことがらをとりだして、それをそのまま文字で表わしたものが文である。読むことは、その文字面と経験の世界とを結びつけて心にうつる情景をとらえていくはたらきであることをわからせていく。

（6）　こうした理解に到達させるためには、教師がかなり賢明な補導を加えなければならない。しかし、これはあくまで導きとしての助言であって、児童の活動を一定の方向に固定させたり、拘束したりするようなものであってはならない。

（1）　文字をたどりながら、意味をとらえることの興味を感じさせる。

（2）　読書によって考え、味わうような習慣をやしなう。それによって、たえず自分の求めているところを満たし、さらに欲求を高めていく。

（3）　自分の力によって文の意味をとらえ、文の意味が具体的にかたちづけられている文の組みたてなども、しだいに読みとるようにする。

（4）　読みに対する準備がしだいにたしかにされていくように導く。

（5）　ことばに対する感覚をふかめていく。ことばは感覚や、感情や、思考を表わしているのであって、ことばによって児童は考えたり、感じたりする新しい力を習得していく。

（6）　ことばそのものに対する関心と興味をふかめていく。

（7）　読みの材料は多面的であるが、これを分類すれば、童話・童詩・感想・記録・子どもらしい物語の類に関するものになる。これらについて、しだいに読書の理解をふかめていく。

（8）　人間生活の面が読書の材料としてとりあげられなければならない。

（9）　読書の材料を通して個性をふかめるとともに人と人とのつながり、すなわち社会連帯の精神をふかめていく。

3　内容を正しく、たしかに理解していく。

（1）　おちついて読んでいく。

（2）　なにが書いてあるか、文の筋をよく考えながら読んでいく。

（3）　自分の経験に照らしあわせて読んでいく。

（4）　文のおもしろさを発見していく。

（5）　文の組みたてを明らかにしていく。

（6）　文の書き表わしかたをしらべていく。

（7）　文の意味を大づかみにする。

（8）　文の内容について話しあいをする。

4　文の内容を正しく音声に表わすような朗読をする。

（1）　正しい姿勢で読んでいく。

（2）　はっきりした気持のよい声で読んでいく。

（3）　お話するように読んでいく。

（4）　句読点に注意して読んでいく。

（5）　聞いている人によくわかるように読んでいく。

（6）　感情をあまりこちょうしないで、すなおに、人を喜ばせ、楽しませるように読んでいく。

5　意味をとる速度と正確さを発達させる。

（1）　自分の読書速度の記録を破ろうとする興味をつける。

（2）　誤った目の運動や、くちびるの運動などを、自分で訓練していく。

6　読みかた学習の興味とその活動をふかめる。

（1）　素材をふえんしたり、内容を要約したりする。

（2）　物語や伝説などを脚色する。

（3）　対話・話しあい、

かめていく。

3　文の意味を正しく、なるべくはやく、つかむようにする。

4　文の内容について思考し、判断する。

（1）　書かれてあることが正しいかどうかを考えてみる。

（2）　文の中にでてくる人物の考えや、行いが、正しいかどうかを考えてみる。

（3）　この文が、自分にとって役にたつかどうかを考えてみる。

5　文の表現について具体的にしらべていく。

（1）　文の組みたてが正しいかどうかを見る。

（2）　書き表わしかたが適切であるかどうかを見る。

（3）　文章がうまく表わされているかどうかを見る。

6　文の表現や内容を調べるために、話しあいをする。

7　多種多様な文を読んで、いろいろな文形にふれていく。

8　参考書や辞書のつかいかたになれていく。

（1）　どんな時にどんな辞書や参考書を見るかを知っておく。

（2）　その辞書や参考書の特徴をよく知っておく。

（3）　どんな辞書や参考書がよい本であるかを知るようにする。

低学年		中学年		高学年	
1年	2年	3年	4年	5年	6年
（7）　児童の経験は読みかたの基礎である。したがって、読みを通してたえず経験をふりかえらせ、経験の中から読みを指導していくように心がけなければならない。 （8）　読みにおいては、想像や連想のはたらきがたいせつである。ことに、短い文章から具体的な世界をとらえるためには、これらの心のはたらきが行われるように心がける。 （9）　児童の感受力や思考力はことばを通して発展する。したがって、低学年では、読みを通してこれらの力の成長を見守っていかなければならない。 （10）　読みの材料は童話・童詩・感想・記録・子どもしばいの類であるが、いずれもそぼくなごく身近な材料によって、しだいに多面的な表現と生活とを会得させるようにする。 （11）　低学年における読みの学習においては、とくに動作・身ぶりなどが重んぜられなければならない。動作・身ぶりは読みとったものを表現していく手段であるとともに、読みをふかめていく作業でもある。 （12）　この時代の読みは、文字やことばの発音や語調などに注意し、できるだけ音声化し、音声言語として習得させる。 （13）　読みの手がかりである文字を十分覚えさせる。		（10）　読みにおいて、動作や身ぶりは多く用いられることが望ましい。たとえば、劇をするばあいなど、身ぶりは実際に表現される。童話や詩・物語などを脚色して演出させることも、身体的表現が必要になり、さらに、理解をふかめることになる。 （11）　ことばの音声的表現については、的確な指導をつづける。 （12）　国語教材を中心とする発展的なとり扱い、たとえば、教材の感想をいわせたり、書かせたり、物語などの脚色・演出、その他創作については、なるべく児童の独創力によること。 （13）　教材を中心とする会話をさかんにすることによって、ことばについての興味と、ことばをつかう能力とをそだてる。 （14）　日常の問題について、意見をたたかわせたり、話しあいをしたりするような形の指導も用いられなければならない。 （15）　なるべくはやく、正確に、意味をとらえ、また要領をつかむような力をやしなう。	あるいは発表などをする。 （4）　文章の内容を紙しばいにしたり、シナリオに書きかえたりする。 （5）　実験したり、観察したり、実地調査したりする。 7　読みかた学習に適する環境を整理する。 （1）　たくさんのよい読みものをそなえる。 （2）　たくさんのよい参考書やよい辞書をそなえる。 （3）　世界地図・日本地図・郷土地図・歴史年表などをそなえる。 （4）　名画集・風俗写真帳・絵はがきなどを集めておく。 8　ローマ字で読み書きできるようにする。 9　児童のための新聞や雑誌に興味をもって読んでいく。 （1）　その程度に応じて読んでいく。 （2）　ニュース価値の高いものを読んで話しあいをする。 （3）　文学的・科学的な内容および表現をもった品の高いものを読んでいく。		

(14) 正しく目を動かす習慣，たとえば，ある行の終りから次の行のはじめに正確に視線をうつしていくこと，書物の正しい持ちかた，ページのくりかた，本を読む姿勢なども読む技術の一部として指導する。		

　全体からは，興味・関心的な要素と技能・表現的な要素，知識・理解的な要素，さらには指導上の留意点や児童の実態まで混在して言及している印象を受けるが，本書は物語文（文学的文章）を読む際の具体的な「知識・技能に関する要素」を抽出することが目的なので，あくまで物語（詩や短歌・俳句は含まない）を読む際に必要と思われる知識・技能的要素に限定し，着目することにする。なお，6年間を通して繰り返し示されている知識・技能的要素に関しては，初めて出た発達段階（学年）でのみ取り上げた。

表2-1-2　「昭和22年度（試案）学習指導要領国語科編　読みかたの学習指導」から抽出した物語文の読解に関する知識・技能

低学年		中学年		高学年	
1年	2年	3年	4年	5年	6年
・読み ・読み取る ・話 ・題目 ・感じる ・考える ・さし絵 ・経験 ・心に触れる ・ことがら ・情景 ・捉える ・理解 ・振り返る ・想像 ・連想		・味わう ・文の組み立て ・脚色 ・物語	・筋 ・おもしろさ ・書き表し方 ・紙しばい ・シナリオ ・書き換える	・黙読 ・内容 ・判断する ・人物 ・考え ・行い ・表現 ・文形（文種）	

第2章　学習指導要領と教科書が要求する知識・技能　23

・世界			
・感受			
・思考			
・童話			
・子どもしばい			
・動作			
・身振り			
・読みを深める			
・手がかり			

　＜表２－１－２＞を見ると，たとえば４，５，６年前期に出てくる「おもしろさ」は，教師が授業をする際に低学年のうちから用語としても使い，問うていく学習事項（内容）であると考えられるため，学習指導要領において４～６年で示されている用語だからといって「４～６年で教えるべき知識・技能的要素である」と判断するのは早計であろう。反対に，１，２，３年前期の「情景」「読みを深める」などは，言葉を易しく言い換えたとしても難解で，提示が難しそうだ。

　その一方で，１，２，３年前期の「さし絵」「題目（つまり題・題名）」などは，現行の国語教科書が示す学習用語でもあるので，全体的には昭和22年版学習指導要領も，参考になる基礎資料と見ることができよう。

②昭和26年版学習指導要領

　昭和26年版学習指導要領では，「第三章　国語科学習指導の計画」の第三節に，国語能力表として「聞くことの能力」「話すことの能力」「読むことの能力」「書くことの能力（作文）（書き方）」が掲載されている。この能力表には合計約300にも上る具体的能力が学年別，系統的に示された。能力の系統が示されたのは，この26年版のみである。学習指導要領の中に具体的な能力として示されているので，26年版では指導事項ではなく，より具体的な能力表のほうを取り上げることとする。

表2-1-3　昭和26年改訂版学習指導要領国語科編（試案）　国語能力表　読むことの能力

	低学年		中学年		高学年	
	1年	2年	3年	4年	5年	6年
昭和二六年版指導要領国語能力表　読むことの能力	1　本や絵本を読みたがるようになる。 2　本の持ち方やページの繰り方に慣れる。 3　文をどこから読み始めるとよいかがわかる。 4　文のどの方向から読めばよいかがわかる。 5　正しく行をたどって読むことができる。 6　拾い読みでなく、文として読むことができる。 7　声を出さないで、目で読むことができる。 8　声を出して読むことができる。 9　自分の名まえが読める。 10　自分の経験と文字とを結びつけることができる。 11　短い文章なら、そのだいたいの意味がわかる。 12　簡単な入門準備書または、入門書的な読み物を娯楽のために読むことができる。 13　初歩的な読み物を即座に読むことができる。 14　ひらがなが読める。 15　アラビア数字が読める。 16　文字のほかの諸記号（てん・まる・かぎ）がわかる。 17　漢字は、だいたい三〇字ぐらい読むことが	1　読むことにだんだん慣れてくる。 2　考えながら読む態度が、高まってくる。 3　黙読することや、くちびるを動かさないで読むことができる。 4　大ぜいの前でじょうずに読むことができる。 5　一年生の初歩読本程度の読み物を即座に読むことができる。 6　二年生程度の読本を読んで理解し、練習してなめらかに読むことができる。 7　長い文でも、最後まで読み通すことができる。 8　問に答えるために、黙読することができる。 9　文の荒筋をとらえることができる。 10　情報や知識をうるために、本を読む度数がますます多くなる。 11　読んだ本の内容を、他人に伝えて喜ぶようになる。 12　絵および文の前後の関係を手がかりにして、ことばを理解することができる。 13　かたかなのだいたいが読める。 14　文字のほかの諸記号がわかり、それに注意して読むことができる。 15　漢字は、だいたい一三〇字	1　長い文でも楽しんで読むことができる。 2　ひとりで本を読む習慣ができる。 3　音読より早く黙読することができる。 4　いろいろな目的のため、本を読む能力と意欲がだんだん増してくる。 5　自分の興味をもっていることについて、読み物を選択することができる。 6　内容の要点をじょうずに読み取ることができる。 7　文の好きなところや、おもしろいところを抜き出すことができる。 8　文の常体と敬体との区別ができる。 9　手びきや注釈などを利用して読むことができる。 10　目次を利用して読むことができる。 11　他人を楽しませるために、なめらかに、わかりやすく音読することができる。 12　かたかなが読める。 13　漢字は、だいたい二八〇字ぐらい読むことができる。	1　物語・実話・ぐう話・時事などの種々の読み物に対する興味がだんだん増してくる。 2　文の組立がわかる。 3　文の段落がわかり、その要点がつかめる。 4　問題を解決するために読むことができる。 5　読書によって得た知識や、思想をまとめることができる。 6　前後の意味から、わからないことばの意味をとらえることができる。 7　一つのことばのいろいろな意味について、考えることができる。 8　ことばの構造とか意味について、一段と強い興味ができてくる。 9　よい詩を読んで楽しむことができる。 10　児童のための新聞や雑誌を楽しんで読むことができる。 11　漢字はだいたい四〇〇字ぐらい読むことができる。 12　（ローマ字文が読める。）	1　良書に対する興味が増してくる。 2　文意を読み取ることができる。 3　長文でも、その要点を書き抜きしながら、読むことができる。 4　文の内容や表現について、こどもらしい批評ができる。 5　読む速度がだんだん増してくる。 6　物語などを脚色して、演出することができる。 7　参考書や地図・図面などを利用して調べることができる。 8　辞書のひき方がわかる。 9　辞書をひいて、新出語の読みや意味をとらえることができる。 10　漢字はだいたい六八〇字ぐらい読むことができる。	1　よい文学に対して興味が増してくる。 2　多種多様な文に興味をもつようになる。 3　本を選択して読むことができる。 4　序文を読んで、本を選択することができる。 5　文意を確かに早くとらえることができる。 6　文の組立を確かに早くとらえることができる。 7　叙述の正しさを調べることができる。 8　案内や注意書きなどを利用して読むことができる。 9　読む速度がいよいよ早くなる。 10　感想や批評をまとめながら、読むことができる。 11　参考資料・目次・索引などを利用して読む能力が増してくる。 12　新聞・雑誌などを読む能力が増してくる。 13　娯楽のためや知識をうるために、黙読する能力が増してくる。 14　他人を楽しませたり、情報を伝えたりするために、明確な発音でなめらかに音読する能力が増してくる。 15　漢字は、だいたい当用漢字

					別表を中心とした八八一字程度の文字が読める。16（ローマ字のつづけ字を読むことができる）
できる。	ぐらい読むことができる。				

　　＜表２−１−３＞から，物語文を読む際に必要と思われる知識・技能を抜き出すと以下の＜表２−１−４＞のようになる。26年版の能力表は，列記された能力項目が多い割には文学的文章に関する指導項目が少ない。

表２−１−４　「昭和26年改訂版学習指導要領国語科編（試案）　国語能力表　読むことの能力」から抽出した物語文の読解に関する知識・技能

低学年		中学年		高学年	
１年	２年	３年	４年	５年	６年
・本 ・絵本 ・経験 ・かぎ	・考える ・読み物 ・荒筋 ・内容 ・絵 ・文の前後の関係	・内容の要点 ・好きなところ ・おもしろいところ ・抜き出す	・物語 ・ぐう話 ・組み立て	・書き抜く ・批評 ・表現 ・脚色 ・演出	・文学 ・序文 ・叙述

　　低学年段階では音読を中心として正確に理解し読むこと，中学年では好きなところやおもしろいところを中心とした感想をもちながら読むこと，高学年では表現に着目したり批評したりしながらより客観的に文章を読むことを要求されていることが見えてくる。

③昭和33年版学習指導要領

　　昭和33年版学習指導要領は，法的拘束力の強い「官報告示」となった。高度経済成長期を迎え，教育課程審議会答申を読むと「充実」「強化」がキーワードになっている。学年別に「目標」「内容」「指導上の留意事項」が示され，26年版に比べると非常に簡素化された記述となっている。26年版までの

学習指導要領への反省が次の記述からも分かる。[7]

　　従来の学習指導要領は，一般編と国語，社会等各教科編に分かれていて，
各教科編は，教科によってそれぞれ独自のていさいをとっており，内容構成
も分量も実にさまざまであり，単なる説明事項や望ましい程度の指導に関す
る事項を含んでいたりして基準の明確さを欠いていた。このために，その表
現に相違があり，各教科の基準の示し方に精疎があり，指導すべき内容その
ものにも軽重本末が不分明で，かつ不要の重複があり，その考え方に一貫性
を欠く点があるなど，教科相互の間に関連・調整がじゅうぶんとられていな
いきらいがあった。

　　　　　　　（文部省『改訂学習指導要領とその解説』第2部　解説　Ⅱ　1（2）1958）

　こうした反省もあり，1950年代の高度成長ともあいまって，改正の方向に
「基礎学力の充実」「教育の効率化」などが盛り込まれ「能力・態度・技能・
習慣」を育成すべき学力とした。高校や大学への進学率も急上昇していった。
（高校進学率：昭和31年51.3％→昭和38年66.8％　大学進学率：昭和35年
10.3％→昭和40年17.0％）
　これらのことから，指導事項の整理，系統化，明確化が進んだと見てとる
ことができる。

表2-1-5　昭和33年版学習指導要領　「読むこと」の指導事項

	低学年		中学年		高学年	
	1年	2年	3年	4年	5年	6年
昭和三三年版学習	ア　音読ができること。イ　声を出さないで目で読むこと。ウ　拾い読みでなく，語や	ア　書いてあることをだいたい読み取ること。イ　語や文として読むことに慣れること。	ア　正しくくぎって適当な速さで読むこと。イ　長い文章を終りまで読むこと。	ア　黙読に慣れること。イ　文章を段落ごとにまとめて読むこと。ウ　読み取ったことについ	ア　味わって読むため，また，他人に伝えるために，声を出して読むこと。イ　書き手の	ア　読み物の内容と読む目的に応じて，それに適した読み方をすること。イ　書かれて

---

[7]　文部省『改訂学習指導要領とその解説』（1958）

第2章　学習指導要領と教科書が要求する知識・技能　27

	低学年		中学年		高学年	
	1年	2年	3年	4年	5年	6年
指導要領「読むこと」の指導事項	文として読むこと。エ 何が書いてあるかを考えて読むこと。	ウ 文章に即して書いてあるとおりに読み取ること。エ 順序をたどって意味をとること。オ 好きなところやおもしろいところを抜き出すこと。カ 読むために必要な文字や語句を増すこと。　上に示す指導事項のほか，「本や雑誌の読み方がわかること」「学級文庫の利用のしかたがわかること」などについて指導することも望ましい。	ウ 横書きの文章の読みに慣れること。エ 要点をおさえて読むこと。オ 読み取ったことについて感想をもつこと。カ わからない文字や語句を見つけ出すこと。キ 読み取ったことを他人に伝えて楽しむこと。　上に示す指導事項のほか，「学級文庫の利用のしかたがわかること」などについて指導することも望ましい。	て話し合うこと。エ 必要なところや細かい点に注意して読むこと。オ わからない文字や語句を文脈にそって考えること。カ 知るため楽しむために本を読むこと。　上に示す指導事項のほか，「学校図書館の利用のしかたがわかること」などについて指導することも望ましい。	意図や文章の主題をとらえること。ウ 自分の生活や意見と比べながら読むこと。エ 調べるために読むこと。オ 自分の読書のしかたを反省して，その向上を図ること。　上に示す指導事項のほか，「国語辞典などが使えること」などについて指導することも望ましい。	いることの中の事実と意見を判断しながら読むこと。ウ 文章の組立や叙述に即して正確に読むこと。エ 文章を味わって読むこと。オ 要点を抜き出したり全体を要約したりすること。カ どんな本がよいかを見分け，よい本を選ぶこと。

22年版や26年版の学習指導要領に比べると，随分整理され，系統性も見える。ただし，物語文を読む学習には最近では不可欠とされる「登場人物」や「場面」などについての記述がない。「主題」という文言がここで初めて登場している。

表2-1-6　昭和33年版学習指導要領から抽出した物語文の読解に関する知識・技能

低学年		中学年		高学年	
1年	2年	3年	4年	5年	6年
・何が書いてあるか	・抜き出す ・だいたい ・即す ・書いてある	・終わり ・要点	・文脈 ・細かい点	・味わう ・書き手の意図 ・主題	・読み物 ・内容 ・読み方 ・組み立て

とおり ・読み取る ・順序 ・好きなところ ・おもしろいところ			・比べる	・叙述 ・要約

④昭和43年版学習指導要領

　昭和33年版から引き続き，高度経済成長に対応してさらに教育の効率化と系統性が重視されたのが43年版である。一方で「受験戦争」「偏差値教育」「落ちこぼれ」という言葉で表されるような社会問題もあった。（高校進学率：昭和48年89.4％→昭和49年90.8％　大学進学率：昭和45年23.6％→昭和50年38.4％）

> 　国語科の各領域（聞くこと，話すこと，読むこと，書くこと）を通じ，その内容について，基本的事項を精選して，指導の徹底を図り，基本的なことについて，児童の発達段階に応じていっそう発展的な学習ができるようにする。
>
> （昭和42年10月　小学校の教育課程の改善について（答申）より）

　答申から，「『効率』と『指導の徹底』の重視」が反映された指導事項ということができる。指導事項の数だけ見ても，各学年1～2増えている。

表2-1-7　昭和43年版学習指導要領　「読むこと」の指導事項

	低学年		中学年		高学年	
	1年	2年	3年	4年	5年	6年
昭和四三年版学習指導要領	ア　はっきりした発音で音読すること。 イ　声を出さないようにして読むこと。 ウ　拾い読みでなく，語や文として読むこと。 エ　書いてあることのだいたいや筋について考	ア　文章の内容を考えながら音読すること。 イ　声を出さないで読むこと。 ウ　語や文として読むことに慣れること。 エ　書いてあることの概略を読みとること。 オ　時間的な順	ア　文章の内容を考えながら，はっきりした正しい発音で音読すること。 イ　黙読すること。 ウ　正しくくぎって適当な速さで読むこと。 エ　要点をおさえて読むこと。	ア　書いてあることの意味がよく表われるように音読すること。 イ　黙読に慣れること。 ウ　文章を段落ごとにまとめて読み，それぞれの段落と文章全体との関係を考えること。	ア　味わって読むため，また，他人に伝えるために，朗読すること。 イ　文章の主題や要旨をつかむこと。 ウ　表現に即して文や文章の細かい点まで読みとること。	ア　聞き手にも内容がよく味わえるように朗読すること。 イ　事象の記述と書き手の感想や意見などとを判別して読むこと。 ウ　文章の組み立てや叙述に即して正確に読む

低学年		中学年		高学年	
1年	2年	3年	4年	5年	6年

| 「読むこと」の指導事項 | えながら読むこと。オ 読むために必要な文字や語句を身につけようとすること。カ わからない文字や語句に注意すること。 | 序や場面の移り変わりを考えながら読むこと。カ 表現に即して読みとろうとすること。キ 読むために必要な文字や語句を増すこと。ク わからない文字や語句を見つけ出すこと。 | オ 表現に即して読みとろうとする習慣をつけること。カ 表現のすぐれているところに気づくこと。キ 読むために必要な文字や語句を増すこと。ク わからない文字や語句を見つけ出すこと。 | エ 必要なところを細かい点に注意して読むこと。オ 読むために必要な語句の量を増すこと。カ 語句の意味にそって考えること。キ わからない文字や語句について辞書を利用して調べる方法を理解すること。 | エ 読むために必要な語句の範囲を広げること。オ 語句の意味を文脈にそって正しく理解すること。カ わからない文字や語句を辞書で調べること。 | こと。エ 書いてあることの要点を抜き出したり全体を要約したりし、また、読む目的にそって必要な事項を読みとるようにすること。オ 読むために必要な語句の範囲を広げること。カ 語句の意味を文脈のなかでとらえること。キ わからない文字や語句を辞書で調べながら文章を読む習慣をつけること。 |

　１年生で「筋」や「だいたい」を考えながら読ませたり，３年生で「優れた表現」に着目させたりするところなどが33年版からの変化といえよう。指導内容が，より高度になっていることが分かる。

表２-１-８　昭和43年版学習指導要領から抽出した物語文の読解に関する知識・技能

低学年		中学年		高学年	
1年	2年	3年	4年	5年	6年
・読む ・書いてあること ・だいたい ・筋	・文章 ・考える ・内容 ・概略 ・読み取る ・場面 ・移り変わり ・表現に即す	・表現の優れているところ	・文脈 ・細かい点	・味わう ・主題	・組み立て ・叙述に即す

⑤昭和52年版学習指導要領

　ここにきて四本立てだった国語科の目標が初めて一本化された。伴って，内容的にも現行版（H20年版）の学習指導要領の目標とあまり差異のないも

のになったといえる。「正確な理解・適切な表現」「国語に対する関心」「言語感覚」「国語を尊重する態度」はそのまま現在の国語科の目標に生きている。「評価の観点と趣旨」（昭和55年通知）では，それまでの「～している」という評価観から「～できる」という評価観へと変化した。能力主義的傾向が感じられる。

表2-1-9　昭和52年版学習指導要領　「理解」の指導事項

	低学年		中学年		高学年	
	1年	2年	3年	4年	5年	6年
昭和五二年版学習指導要領　「理解」の指導事項	ア　はっきりした発音で音読すること。 イ　文章の内容の大体を理解すること。 ウ　場面の様子を想像しながら読むこと。	ア　文章の内容を考えながら音読すること。 イ　時間的な順序，場面の移り変わり，事柄の順序などを考えながら，文章を読んだり，話を聞いたりすること。 ウ　人物の性格や場面の様子を想像しながら読むこと。 エ　文章を読みながら，読めない文字，意味の不明な語句，理解できない箇所などをはっきりさせること。 オ　文章の叙述に即して正しく内容を読み取ろうとすること。	ア　文章の内容が表されるように工夫して音読すること。 イ　文章や話の要点を理解し，自分の立場からまとめてみること。 ウ　読んだ内容について感想をまとめたり，自分ならどうするかなどについて考えたりすること。 エ　読んだ内容について話し合い，一人一人の感じ方や考え方には違う点があることに注意すること。 オ　自分の立場から大事だと思うことを落とさないで理解すること。 カ　人物の気持ちや場面の情景を想像しながら読むこと。 キ　語句の意味を文脈に沿って考えること。 ク　文章の叙述に即して，表現されている内容	ア　事柄の意味，場面の様子，人物の気持ちの変化などが，聞き手によく伝わるように音読すること。 イ　文章や話の中心的な事柄に対して，自分の感想をまとめてみること。 ウ　読み取った事柄や聞いた話の内容についての感想を比べ合い，一人一人の理解の仕方の違いについて考えること。 エ　読む目的に照らして大事な事柄をまとめたり，必要なところを細かい点に注意して読んだりすること。 オ　表現に即して，場面やその情景を思い描くこと。 カ　語句の意味を文脈に沿って理解すること。 キ　文章の叙述に即して，表現されている内容を正確に読み取	ア　主題や要旨を確実に理解しながら，自分の感想や意見をまとめること。 イ　書き手のものの見方，考え方，感じ方などについて考えながら読むこと。 ウ　必要な事柄を調べるため，また，必要な情報を得るため，文章を読むこと。 エ　語句の意味を文脈に沿って正しく理解すること。 オ　表現に即して，文や文章の細かい点にまで注意しながら内容を読み取ること。 カ　人物の気持ちや場面の情景が描かれている箇所について味わって読むこと。 キ　話の内容について，自分の立場から再構成することができるように聞くこと。 ク　表現の優れている文章を視	ア　文章の内容と自分の生活や意見とを比べながら読むこと。 イ　書き手のものの見方，考え方，感じ方などについて，自分の考えをはっきりさせて読むこと。 ウ　本を読んだり，話を聞いたりした結果，自分の感じ方や考え方がどのように変わったかを考えること。 エ　目的に応じて，適切な本を選んだり，効果的な読み方を工夫したりすること。 オ　語句の意味を文脈の中で的確に理解すること。 カ　事象を客観的に述べている部分と話し手や書き手の感想，意見などとを判別しながら理解すること。 キ　描写や叙述の優れた箇所を読み味わうこと。

第2章　学習指導要領と教科書が要求する知識・技能　31

	低学年		中学年		高学年	
	1年	2年	3年	4年	5年	6年
			を読み取る習慣をつけること。ケ 内容を理解するため，また，自分の表現にも役立てることができるようにするため，意味のまとまりごとに内容を整理して文章を書くこと。コ 表現の優れている箇所に気付き，自分が表現するときにも応用してみようとすること。	ること。ク 表現の優れている文章を視写したり，自分の書く文章にも優れた表現の仕方を取り入れたりすること。ケ 内容を一層正しく，かつ，深く理解するため，また，自分の表現の仕方に役立てるため，文章を段落ごとに要約しながら読み，それぞれの段落相互の関係，段落と文章全体との関係などについて考えること。コ 内容の中心的事柄とその他の事柄との書き分け方を理解しながら文章を読み，自分が文章を書くときに役立てること。	写することによって，理解及び鑑賞を深めるとともに，優れた点を自分の表現にも生かすこと。ケ 内容を的確に理解するため，また，自分の表現の仕方に役立てるため，文章全体の組立てを理解すること。	ク 目的に応じて理解した文章の内容を再構成して書いたり話したりすること。ケ 自分が文章を書くときに役立てるため，簡潔に書いてある箇所と詳しく書いてある箇所とについて，書き手がそのように叙述した理由を考えてみること。コ 主題や要旨を述べるために書き手が工夫している表現の仕方について考え，自分が文章を書くときに役立てること。

　能力主義的傾向の反映か，指導事項がより具体的になり，「場面の様子」「場面の移り変わり」「人物の性格」など，読み取りの対象がそれまでより具体的になっているのが分かる。

表2-1-10　昭和52年版学習指導要領から抽出した物語文の読解に関する知識・技能

低学年		中学年		高学年	
1年	2年	3年	4年	5年	6年
・内容	・文章	・気持ち	・視写	・主題	・描写
・大体	・移り変わり	・情景	・事柄	・味わう	・書き手の工夫
・理解	・人物	・文脈	・変化	・鑑賞	
・場面	・性格	・表現の優れ	・細かい点	・組み立て	・表現の仕方

・様子 ・想像する	・叙述 ・即す ・読み取る	ている箇所			

⑥平成元年版学習指導要領

　1980年代に，いじめ・校内暴力，不登校の増加が問題となったことを背景に，文部省は「心の教育」の重要性を掲げた。それは教育課程審議会答申に示された国語の改善の方針からも読み取れる。それまではあまり見られなかった，情意面に踏み込んだ記述がある。

> 　教材については，児童生徒の心身の発達段階に即して適切な話題や題材を精選して取り上げるようにし，表現力と理解力とを偏りなく育てるとともに，人間，社会，自然などについて考えを深め道徳性を養うことにも資するよう配慮する。その際，特に，自然や美しいものに感動することなど情操を豊かにすること，たくましく生きる態度を育てること，論理的思考力を育てること，我が国の文化と伝統に対する関心や理解を深めること，国際理解を深め国際協調の精神を養うことなどに役立つものを選ぶよう配慮する。
>
> （昭和60年12月 幼稚園，小学校，中学校及び高等学校の教育課程の基準の改善について（答申））

　とはいえ，指導事項を見る限りでは「心の教育」を重視した文言に変化しているわけではなく，52年版を踏襲していると見てよいだろう。なお，平成元年版は領域が「表現」と「理解」に分けられている。現行の「話すこと」「書くこと」が「表現」に，「聞くこと」「読むこと」が「理解」に当てはまるので，本書においては「理解」領域からのみ指導事項を取り上げている。

表2-1-11　平成元年版学習指導要領　「理解」の指導事項

	低学年		中学年		高学年	
	1年	2年	3年	4年	5年	6年
平成	ウ　語や文としてのまとまりを	ウ　文章の内容を考えながら音	ウ　文章の内容が表されるよう	ウ　事柄の意味，場面の様子，人	ウ　文章の主題や要旨を考えな	ウ　目的や文章の種類や形態な

第2章　学習指導要領と教科書が要求する知識・技能　33

	低学年		中学年		高学年	
	1年	2年	3年	4年	5年	6年
元年版学習指導要領　「理解」の指導事項	考えながら音読すること。 エ　文章の内容の大体を読み取ること。 オ　場面の様子を想像しながら読むこと。	読すること。 エ　時間的な順序，場面の移り変わり，事柄の順序などを考えながら，内容を読み取ること。 オ　文章の叙述に即して内容を正しく読み取ろうとすること。 カ　人物の気持ちや場面の様子を想像しながら読むこと。	に工夫して音読すること。 エ　文章の要点を正しく理解しながら，内容を読み取ること。 オ　文章の叙述に即して内容を正しく読み取ること。 カ　人物の性格や場面の情景を想像しながら読むこと。 キ　聞いたり読んだりした内容について，感想をまとめたり自分ならどうするかなどについて考えたりすること。 ク　自分の立場から大事だと思うことを落とさないで文章を読むこと。	物の気持ちの変化などが，聞き手にもよく伝わるように音読すること。 エ　段落相互の関係を考えて,文章の中心的事柄を読み取ること。 オ　文章の叙述に即して内容を正しく読み取ること。 カ　人物の気持ちの変化や場面の移り変わりを想像しながら読むこと。 キ　聞いたり読んだりした内容に対して，一人一人の感じ方に違いのあることに気付くこと。 ク　読む目的に応じて大事な事柄をまとめたり，必要なところは細かい点に注意したりしながら文章を読むこと。 ケ　表現の優れている文章を視写して，理解を深めたり自分の表現にも役立てたりすること。	がら内容を読み取ること。 エ　文章の叙述に即して，細かい点にまで注意して内容を正確に読み取ること。 オ　人物の気持ちや場面の情景の叙述や描写を味わいながら読むこと。 カ　話し手や書き手のものの見方，考え方，感じ方などについて理解すること。 キ　必要な事柄を調べるため，また，必要な情報を得るため，文章を読むこと。 ク　聞いたり読んだりした内容について，自分の立場から再構成して表現するようにすること。 ケ　表現の優れている文章を視写して，理解や鑑賞を深めたり自分の表現にも役立てたりすること。	どに応じて内容を読み取ること。 エ　文章の叙述に即して，細かい点にまで注意して内容を正確に読み取ること。 オ　事象を客観的に述べているところと，書き手の感想，意見を述べているところとの関係を押さえながら読むこと。 カ　優れた描写や叙述を味わいながら読むこと。 キ　話し手や書き手のものの見方，考え方，感じ方などについて，自分の考えをはっきりさせながら理解すること。 ク　目的に応じて，適切な本を読んだり，効果的な読み方を工夫したりすること。 ケ　聞いたり読んだりした内容について，目的に応じて再構成して表現すること。 コ　表現の優れている文章を視写して，理解や鑑賞を深めたり自分の表現にも役立てたりすること。

表2-1-12　平成元年版学習指導要領から抽出した物語文の読解に関する知識・技能

低学年		中学年		高学年	
1年	2年	3年	4年	5年	6年
・文章 ・内容 ・大体	・移り変わり ・読み取る ・叙述	・性格 ・情景	・変化 ・優れた表現 ・視写	・主題 ・描写 ・味わう	・文章の種類,形態

| ・場面
・様子
・想像する | ・即す
・人物
・気持ち | | | ・理解
・鑑賞
・深める | |

⑦平成10年版学習指導要領

平成10年版の学習指導要領は「生きる力」「確かな学力」がキーワードである。

「『生きる力』とは，変化の激しいこれからの社会を生きる子どもたちに身に付けさせたい［確かな学力］，［豊かな人間性］，［健康と体力］の３つの要素からなる力」（文部省）

確かな学力……知識や技能はもちろんのこと，これに加えて，学ぶ意欲や自分で課題を見付け，自ら学び，主体的に判断し，行動し，よりよく問題解決する資質や能力等まで含めたもの（文部科学省）

領域が，「表現」「理解」の２領域から，「話すこと・聞くこと」「書くこと」「読むこと」の３領域に戻った。

表２-１-13　平成10年版学習指導要領　「読むこと」の指導事項

		低学年		中学年		高学年	
		1年	2年	3年	4年	5年	6年
平成一〇年版学習指導要領「読むこと」の	ア	易しい読み物に興味をもち，読むこと。		いろいろな読み物に興味をもち，読むこと。		自分の考えを広げたり深めたりするために，必要な図書資料を選んで読むこと。	
	イ	時間的な順序，事柄の順序などを考えながら内容の大体を読むこと。		目的に応じて，中心となる語や文をとらえて段落相互の関係を考え，文章を正しく読むこと。		目的や意図などに応じて，文章の内容を的確に押さえながら要旨をとらえること。	
	ウ	場面の様子などについて，想像を広げながら読むこと。		場面の移り変わりや情景を，叙述を基に想像しながら読むこと。		登場人物の心情や場面についての描写など，優れた叙述を味わいながら読むこと。	
	エ	語や文としてのまとまりや内容，響きなどについて考えながら声に出して読むこと。		読み取った内容について自分の考えをまとめ，一人一人の感じ方について違いのあることに気付くこと。		書かれている内容について事象と感想，意見の関係を押さえ，自分の考えを明確にしながら読むこと。	

指導事項		オ 目的に応じて内容を大きくまとめたり，必要なところは細かい点に注意したりしながら文章を読むこと。 カ 書かれている内容の中心や場面の様子がよく分かるように声に出して読むこと。	オ 必要な情報を得るために，効果的な読み方を工夫すること。

　平成10年版では特に，読書に親しむ態度（詳細な読解に偏りがちだった指導の否定），伝え合う力，論理的に意見を述べる能力が重視される。当時，耳新しかった「伝え合う力」。答申後，「伝え合う」という言葉が国語教育書や様々な研究団体の研究主題に好んで使われた。「伝え合う」ことの重視ということで，国語教育界では，特に「話すこと・聞くこと」領域が脚光を浴びていた印象がある。「詳細な読解」が大いに批判されていたこともあって，「読むこと」，特に文学的文章の読解に関する著書や研究は，「話すこと・聞くこと」に比べるとやや元気がなくなった感は否めない。しかし，2003年の「ＰＩＳＡショック」で，「日本の子供の読解力不足」が声高に叫ばれることになる。

　指導事項を見ると，２学年のまとまりで示されており，低学年が４項目，中学年が６項目，高学年が５項目と随分簡素化され，それに伴い文言の抽象度も上がっているのが分かる。

　主題という言葉は指導事項から消え，物語文を読む学習で必ず扱われてきた「登場人物の心情」は，ここに至って，指導事項上は高学年のみで扱うことになった。しかし，実際の授業現場では低学年のうちから，登場人物の心情は問い続けられていた。教科書の「学習の手引き」でも，心情を問う問いは消えていない。そういう意味では，指導事項と教科書の内容が，矛盾あるいは乖離していたともいえる。こうした矛盾・乖離は，平成20年版によって解消の方向に向かう。

表2-1-14　平成10年版学習指導要領から抽出した物語文の読解に関する知識・技能

低学年		中学年		高学年	
1年	2年	3年	4年	5年	6年
・読み物 ・場面 ・様子 ・想像		・移り変わり ・情景 ・叙述 ・読み取る ・中心		・登場人物 ・心情 ・描写 ・優れた叙述 ・味わう	

⑧平成20年版学習指導要領

一つ一つの指導事項のねらい・役割が明確になり，

　　　ア→音読に関する指導事項

　　　イ→説明的な文章の解釈に関する指導事項

　　　ウ・エ→文学的な文章の解釈に関する指導事項

　　　エ・オ→自分の考えの形成及び交流に関する指導事項

　　　カ→目的に応じた読書に関する指導事項

となった。これにより，それまで説明的な文章の解釈に関する指導事項を文学的な文章を読む単元に位置付けて指導してしまうなどのことが散見されたが，本改訂により，指導事項を誤って解釈・運用する可能性が随分低くなったといえる。

表2-1-15　平成20年版学習指導要領　「読むこと」の指導事項

	1年	2年	3年	4年	5年	6年
平成二〇年版学習指導要領	ア　語のまとまりや言葉の響きなどに気を付けて音読すること。		ア　内容の中心や場面の様子がよく分かるように音読すること。		ア　自分の思いや考えが伝わるように音読や朗読をすること。	
	イ　時間的な順序や事柄の順序などを考えながら内容の大体を読むこと。		イ　目的に応じて，中心となる語や文をとらえて段落相互の関係や事実と意見との関係を考え，文章を読むこと。		イ　目的に応じて，本や文章を比べて読むなど効果的な読み方を工夫すること。	
	ウ　場面の様子について，登場人物の行動を中心に想像を広げながら読むこと。		ウ　場面の移り変わりに注意しながら，登場人物の性格や気持ちの変化，情景などについて，叙述を基に想像して読むこと。		ウ　目的に応じて，文章の内容を的確に押さえて要旨をとらえたり，事実と感想，意見などとの関係を押さえ，自分の考えを	

第2章　学習指導要領と教科書が要求する知識・技能　37

「読むこと」の指導事項		明確にしながら読んだりすること。
エ 文章の中の大事な言葉や文を書き抜くこと。	エ 目的や必要に応じて，文章の要点や細かい点に注意しながら読み，文章などを引用したり要約したりすること。	エ 登場人物の相互関係や心情，場面についての描写をとらえ，優れた叙述について自分の考えをまとめること。
オ 文章の内容と自分の経験とを結び付けて，自分の思いや考えをまとめ，発表し合うこと。	オ 文章を読んで考えた事を発表し合い，一人一人の感じ方について違いのあることに気付くこと。	オ 本や文章を読んで考えた事を発表し合い，自分の考えを広げたり深めたりすること。
カ 楽しんだり知識を得たりするために，本や文章を選んで読むこと。	カ 目的に応じて，いろいろな本や文章を選んで読むこと。	カ 目的に応じて，複数の本や文章などを選んで比べて読むこと。

　前述（1-⑦）のPISAショックを受け，思考力・判断力・表現力をも含んだ読解力，いわゆる「PISA型読解力」を意識した指導事項になっている。それまで，読解といえば受信一方だったのが，「描写をとらえ，優れた叙述について自分の考えをまとめる」（5，6年）ところまで要求している。

　また，文言の抽象度が高かった平成10年版と比べると，幾分具体的な表現になっているのが分かる。登場人物に関しては，低学年が「行動」を，中学年が「性格や気持ちの変化」を，高学年は「相互関係や心情」を中心に読んでいく，というように系統化・明確化が図られている。

表2-1-16　平成20年版学習指導要領から抽出した物語文の読解に関する知識・技能

低学年		中学年		高学年	
1年	2年	3年	4年	5年	6年
・場面 ・様子 ・登場人物 ・行動 ・想像を広げる		・移り変わり ・性格 ・変化 ・情景 ・叙述		・相互関係 ・描写	

⑨平成29年版学習指導要領

　この29年の改訂に至って，いよいよ国語科学習指導要領に「大なた」が振るわれることとなる。これまでは，国語科の内容は，「話すこと・聞くこと」「書くこと」「読むこと」「言語事項（伝統的な言語文化と国語の特質に関す

る事項)」の領域で内容構成されていたのが，他教科と揃え，「知識及び技能」「思考力，判断力，表現力等」というように，資質・能力で内容構成されることとなった。本書で見ていくのは，「読むこと」の文学的文章に関する指導事項であるが，「読むこと」の指導事項は，「思考力，判断力，表現力等」に位置付けられている。

表2-1-17　平成29年版指導要領　「読むこと」の指導事項

	1年	2年	3年	4年	5年	6年
平成二九年版学習指導要領「読むこと」の指導事項	ア　時間的な順序や事柄の順序などを考えながら，内容の大体を捉えること。		ア　段落相互の関係に着目しながら，考えとそれを支える理由や事例との関係などについて，叙述を基に捉えること。		ア　事実と感想，意見などとの関係を叙述を基に押さえ，文章全体の構成を捉えて要旨を把握すること。	
	イ　場面の様子や登場人物の行動など，内容の大体を捉えること。		イ　登場人物の行動や気持ちなどについて，叙述を基に捉えること。		イ　登場人物の相互関係や心情などについて，描写を基に捉えること。	
	ウ　文章の中の重要な語や文を考えて選び出すこと。		ウ　目的を意識して，中心となる語や文を見付けて要約すること。		ウ　目的に応じて，文章と図表などを結び付けるなどして必要な情報を見付けたり，論の進め方について考えたりすること。	
	エ　場面の様子に着目して，登場人物の行動を具体的に想像すること。		エ　登場人物の気持ちの変化や性格，情景について，場面の移り変わりと結び付けて具体的に想像すること。		エ　人物像や物語などの全体像を具体的に想像したり，表現の効果を考えたりすること。	
	オ　文章の内容と自分の体験とを結び付けて，感想をもつこと。		オ　文章を読んで理解したことに基づいて，感想や考えをもつこと。		オ　文章を読んで理解したことに基づいて，自分の考えをまとめること。	
	カ　文章を読んで感じたことや分かったことを共有すること。		カ　文章を読んで感じたことや考えたことを共有し，一人一人の感じ方などに違いがあることに気付くこと。		カ　文章を読んでまとめた意見や感想を共有し，自分の考えを広げること。	

　さて，ここに示された「読むこと」の指導事項は，本書で可視化・具体化を試みている「知識・技能」ではなく，あくまで「思考力，判断力，表現力等」という位置付けである。ならば，この指導事項から，知識・技能的要素は抽出し得ないだろうか。指導事項を読む限り，決してそうは考えられない。たとえば，1，2年の指導事項に「エ　場面の様子に着目して，登場人物の行動を具体的に想像すること。」とあるが，「場面」とは何か，「様子」とは何か，「登場人物」とは何か，という「知識」が必要である。「具体的に想像

第2章　学習指導要領と教科書が要求する知識・技能　39

する」ための「技能」も，具体的にどのような技能なのか，提示・認識させたうえで身に付けさせてやらねばなるまい。

　上記の指導事項が「思考力，判断力，表現力等」として位置付けられていることは承知しつつ，「知識・技能的要素」として抽出したのが以下である。

表2-1-18　平成29年版学習指導要領から抽出した物語文の読解に関する知識・技能

低学年		中学年		高学年	
1年	2年	3年	4年	5年	6年
・内容 ・大体 ・捉える ・場面 ・様子 ・登場人物 ・行動 ・想像する		・気持ち ・変化 ・叙述 ・性格 ・情景 ・移り変わり ・理解する		・相互関係 ・心情 ・描写 ・人物像 ・物語 ・全体像 ・表現の効果	

　以上，昭和22年版から平成29年版までの学習指導要領から，知識・技能的「要素」と考えられるものの抽出を試みた。しかし，「書き抜く」「場面」「様子」など，並んだ言葉を見てみると，教員にとっても児童にとっても特に目新しいものではなく，多くは（多少違う言葉への言い換えはあったにせよ），普段から授業の中で授業者が発問や指示の際に発している言葉であろう。実はどれも大事な言葉であり，教員は指導する上で必ず触れなくてはならない要素ではあるのだが，児童側からしてみれば，「先生から新しく教わった知識や技能だ」とはなかなか思えまい。それは，学習指導要領の持つ特性ともいえるだろうし，具体度としては，この辺りが限界なのであろう。

　そこで，次節では，学習指導要領を拠り所にしつつ，より具体的な内容を示している教科書の「学習の手引き」と，そこに示された学習用語を見ていくことで「知識・技能の具体化・明確化」を一歩進めたい。

40

2 全社教科書（平成27〜31年版）の「学習の手引き」と「学習用語」

　第2節では，教科書会社（光村図書・教育出版・東京書籍・学校図書・三省堂）が取り上げている全物語教材と，合わせて掲載している「学習の手引き」において，何を問うているか，さらには，どのような学習用語を提示しているかを見ていき，物語文を読む際に必要な知識・技能といえそうなものを抽出していく。なお「学習の手引き」から下の表に取り出し示した各項目（文）は，教科書の本文そのままでなく，要約・簡略化したものであることを断っておきたい。ただし，手引き内で示された学習用語については言い換え（読み換え）なしで教科書表記のまま取り出して示した。

①光村図書

表2-2-1　H27〜31年版教科書（光村図書）中の文学教材単元にかかわる指導内容と学習用語

	低学年		中学年		高学年	
	1年	2年	3年	4年	5年	6年
光村図書版教科書の物語教材単元にかかわる指導内容と学習用語	【おおきなかぶ】 ▶お話を，みんなで楽しむ。 ・役を決めて読む ・動きながら声に出す 【ゆうやけ】 ▶いちばん好きなところはどこか。声に出して読む。 ▶誰が出てきたか。 ▶人物になったつもりで言葉を声に出して読む。 ▶人物と似ていると思ったところはあるか。 だいめい さくしゃ 【くじらぐも】	【ふきのとう】 ○お話を音読する ▶役に分かれて音読する。じんぶつのようすや，していることに気を付けて，読み方を考える。 ・どんな人物が出てくるか ・どんなことをしているか ・どんなことを話しているか ▶言葉をどのように読むか。声に出して読む。 ＊たいせつ 音読をする。 【いなばの白いうさぎ】 ▶だれがでてき	【きつつきの商売】 ○場面の様子を思い浮かべ音読しよう ▶二つの場面それぞれに描かれている様子をノートに書き出す。 ▶それぞれの場面に出てくる音は何の音か。どのように音読するのがよいか。 ＊たいせつ 場面の様子が伝わるように音読する。 ・登場人物のいる場所や動き，聞こえる音，見えるものなどに気を付けて，場面	【白いぼうし】 ○登場人物の人柄を捉え，話し合う ▶読んで，場面と登場人物を整理する。 ・場面ごとに登場人物をあげる ・それぞれの場面で誰が何をするか ▶人物はどんな人柄か。どんな会話や行動から分かるか。ノートにまとめる ▶どのように音読すると人物の人柄が表れるか。場面の様子や気持ちも考えながら	【なまえつけてよ】 ○登場人物どうしの関わりをとらえ，感想を伝え合おう ▶二人の人物はどのように書かれているか。会話や行動を抜き出し，そのときの心情を想像して短い言葉でまとめる。 ▶二人の心情の変化について考える。 ・心情がどのような出来事によってどう変化しているか ・直接描かれていない心情の変化を人物の行動から考える	【カレーライス】 ○登場人物の心情を捉え，感想をまとめる ▶それぞれの場面で「ぼく」はどのように感じたり考えたりしているか。どのような言動によって引き起こされたものだろうか。 ▶物語の最後の表現にどんな意味が込められているか。 ▶自分も同じように感じた経験はないか。他の表現も探し，ぼくの心情を想像する。 ＊たいせつ 登場人物の心情

低学年		中学年		高学年	
1年	2年	3年	4年	5年	6年
▶声に出して読む。いいな，好きだなと思ったところはあるか。 ▶かぎ「」のところは，どのように読むか。人物に分かれて練習する。 ▶人物たちは，どんなことを話したか。 【ずうっと，ずっと，大すきだよ】 ○読みたい本を選ぶ。 ○教材文を読む。 ○読んだ本をカードに書いて友達に知らせる。 ・すきなところやおもしろかったところはどこか やくす やくしゃ 【たぬきの糸車】 ▶みんなで楽しく読む。 ▶人物はどんなことをしたか。 ▶したことを見て，人物はどう思っただろう。 ▶おはなしを読んでどんなことを思ったか。人物に言ってあげたいことを考える。 【だってだってのおばあさん】 ▶おばあさんがしたことを考える。 ▶誘うと人物は何と言ったか。	たか。どんなできごとがあったか。みんなで話す。 【スイミー】 ○お話を読んで感想を書く ▶スイミーはどんな人物か。 ▶人物がしたことや言ったことに気を付けて読む。人物に言ってあげたいことを考える。 ▶読んでどんな感想を持ったか。自分の気持ちにぴったり合う言葉を考える。 ▶どこを読んで感想を持ったか訳も考えてまとめる。 ＊たいせつ お話のかんそうを書くとき ・人物のしたことや言ったことに気を付けて読む ・かんそうと，どこを読んでそう思ったかを書く 【ミリーのすてきなぼうし】 ○お話クイズのやり方を知る。 ○教材文を読む。 ○クイズを作って楽しむ。 ＊たいせつ お話をみんなでたのしむ。 ・みんなでたのしく読めそうなお話を選ぶ	の様子を思い浮かべる ・声の強弱や高さ，読む速さ，間の取り方などに気を付けて読む 【たのきゅう】 ▶おもしろかったところをみんなで出し合う。誰が何をしたところか。 【もうすぐ雨に】 ○読んで，感じたことを発表する ▶次の組み立て（流れ）は多くの物語に当てはまる。物語を①～④に分ける。 ①始まり：人物の紹介，出来事（事件）が起こる前ぶれ ②出来事（事件）が起こる ③出来事（事件）が変化する ④むすび：出来事（事件）が解決する ▶場面ごとに，ぼくの行動や気持ちが表れているところを書き出す。ぼくの気持ちがどう変わっていったのかを考える。 ▶不思議な出来事が起こる前と後でぼくに変化はあったか。 ＊たいせつ 出来事に気を付	読む。 ▶不思議だなと思ったところを友達と話す。 ＊たいせつ 登場人物の人柄を捉える。 ・物語を読むときは，会話文や地の文に着目して，登場人物の人柄を捉えながら読む ・人物が物語の中で，どのような役割を果たしているか考えると，読みが深まる 【ふるやのもり】 ▶話のおもしろさはどんなところにあるか友達と話す。 【一つの花】 ○場面の様子に着目して読み，紹介する ▶設定を確かめる。 ・登場人物は誰でどんな人か ・いつの時代の物語か ・季節はいつか ・どんな場所が描かれているか ▶登場人物の行動や会話に着目し，それぞれの場面の登場人物の気持ちや世の中の様子，出来事を確かめる。 ＊たいせつ 特別な言葉に着目する。	▶二人の関わりの変化について考える。 ＊たいせつ 登場人物どうしの関わりを読む。 ・登場人物同士の関わりは，何かの出来事をきっかけに変化していく ・登場人物同士の関係とその変化から，それぞれの人物像や，心情の移り変わりを捉えることが出来る ・物語の中の人物や人物同士の関係を理解することは，現実世界での人間理解を助け，自分のものの見方や考え方を深めることにもつながる 【大造じいさんとガン】 ○すぐれた表現に着目して，物語の魅力を伝え合う ▶残雪との関わりの中で大造の心情がどのように移り変わっていくかを読み取り，ノートにまとめる。 ▶人物の見方が大きく変わった場面はどこか，理由とともに話し合う。 ▶場面中の情景から人物のどんな心情が想	と読者の関わり ・誰の視点で物語を読むかは，おもしろさの一つ ・心情は，中心となる人物が語り手となる物語では特にそれがよく分かる 【やまなし】 ○自分の感じたことを，朗読で表現する ▶どのような風景が描かれているか，本文から様子がわかるところを見つけ，簡単な絵や図に表す。 ▶二つの場面で構成されている。対比し感じたことや考えたことをまとめる。 ▶作者の独特な表現が多く用いられている。心を引かれる言葉や表現に線を引き情景を想像する。 ＊たいせつ 朗読で表現するために →作品世界を理解することで豊かな朗読の表現につなげることができる。 【海の命】 ○登場人物の関係を捉え，人物の生き方について話し合う

42

▶話の中でいいな，すきだなと思ったところを訳と合わせて書く。	・人物が何をしたのか，どんなできごとがあったのかに気を付けて読む ・他の人がお話を読んでくれるときには注意して聞く 【お手紙】 ○音読劇をする ▶書いてあることを確かめる。 ▶読みたいところをノートに書き写す。誰が言ったことか，したことか，どのように読むか，どんな動きをするとよいか書き入れる。 ▶ノートを見ながら音読劇をする。 ＊たいせつ 音読劇をするとき ・人物の言ったことやしたことをたしかめる ・聞いている人に伝わるように，声の出し方や動きを工夫する 【わたしはおねえさん】 ○じんぶつと自分をくらべて読む ▶話の順に詳しく読んであらすじをまとめる。 ・人物はどんな女の子か ・だれがどんなことをしたか ▶人物のしたことのわけ。 ▶じんぶつがしたことや言っ	けて読む。 【ちいちゃんのかげおくり】 ○場面の移り変わりを捉えて，感想をまとめよう ▶第一場面と第四場面の影送りの同じところ，違うところは。 ▶二つの影送りの間にどんな出来事があったか。人物の周りから失われていったものは何か。 ▶第五場面があるとないではどう違うか。考えたことを理由とともに発表。 ▶第五場面について友達と考えの同じところや違うところは。 ＊たいせつ 場面の移り変わりを読む。 【三年とうげ】 ○おもしろいと思うところを，しょうかいしよう ▶挿し絵を手掛かりに内容を確かめる。 ・三年とうげはどんなところか ・どんな人物が出てくるか ・どんな出来事が起こり，どのように解決したか ・人物の様子や気持ちはどう変わっていったか ▶おもしろいと	→作者がある言葉に特別な意味を込めていることがある。 ・題名 ・繰り返し ・中心となる登場人物の会話の中 ・出来事が起こったり解決したり登場人物の気持ちが変わったりする重要な場面 【ごんぎつね】 ○読んで考えたことを話し合う ▶ごんはどんな狐か。どこから分かるか。 ▶場面ごとにごんが兵十にしたことをまとめ，ごんの気持ちを読み取る。 ▶償いを続けようとしたごんの気持ちを考える。 ▶6の場面について，ごんに対する兵十の気持ち，兵十に対するごんの気持ち，兵十の気付きを考える。 ＊たいせつ 感じ方の違いを知る。 ・読むときは，登場人物のだれかと自分を重ね合わせたり，書いてあることを経験などと結びつけたりしているため，感じ方は十人十色である ・感じたことや考えたことを	像できるか。他にも情景が描かれているところを探し心情を考える。 ＊たいせつ 優れた表現に着目する。 【わらぐつの中の神様】 特色を捉えながら読み，物語を巡って話し合う ▶現在－過去－現在の構成によってどんな効果が生まれているか考える。 ▶初めの場面でわらぐつに対する二人の人物の見方はどのように違うかノートに書く。 ▶最後の場面で人物の見方がどのように変わったか。 ▶会話が方言を用いて書かれていることの効果は。	▶次の言葉はだれがどんな場面で言ったものか。 ▶太一の考える本当の一人前とは。 ・なぜ太一は泣きそうになったか ▶この物語の山場はどこか。 ＊たいせつ 登場人物の関係を捉える。 →役割に注目することで，人物同士の関係を捉えやすくなり，物語世界への理解がより深まる。 ・中心となる人物 ・中心となる人物と対立する人物 ・中心となる人物を助けたり支えたりする人物

低学年		中学年		高学年	
1年	2年	3年	4年	5年	6年
	たことの中で、いちばん心に残ったところをノートに書く。 ・心に残った理由 ・自分だったらどうするか ▶あらすじを家の人にしょうかいする。 ＊たいせつ じんぶつと自分をくらべて読む。 ・心に残ったことばや文を書きぬく ・自分だったらどうするかを考えながら読む 【スーホの白い馬】 ○お話をそうぞうしながら読む ▶読んでどんなことが強く心に残ったか。 ▶お話の順に、じんぶつのしたことや言ったことをたしかめる。わけも考える。 ▶詳しく読んだ後、初めの感想と比べて変わったところはあるか。 ＊たいせつ そうぞうを広げて読む。	思ったところや心に残る言葉や文をノートに書く。 ＊たいせつ おもしろいとおもうところを見つけながら読む。 →民話や昔話、物語などに書き表されていることに目を向ける。 ・登場人物の言動や人柄 ・時代や場所 ・大きな出来事、不思議なことや意外なこと ・場面の移り変わり ・言葉の使い方や文章の調子 ・心に残る言葉や文、挿し絵など 【モチモチの木】 ○心に残ったことを自分の言葉で表す ▶二人の人物はどんな人物か。それぞれの場面での二人の会話や行動を整理する。 ▶地の文を語っている語り手は、人物の人柄をどう思っているか。どこから分かるか。 ▶二つの場面での同一人物を比べる。 ▶二人の人物が言ったことを比べる。 ＊たいせつ 登場人物の人柄	伝え合うと、読みが深まったり広がったりする 【プラタナスの木】 ○心に残ったことを感想文に書く ▶言葉や表現に気を付けながら、それぞれの場面の様子や出来事を確かめる。人物の思いを想像して書く。 ▶物語の最初と最後の場面で変わったことは何か。何によってどのように変わったか。変わらないことはあったか。 ▶登場人物と似たような体験はあるか考える。 ＊たいせつ 自分の体験と比べて想像する。 【初雪のふる日】 ○読んで感じたことが伝わるように、音読する ▶場面ごとに、心に残ったところを書き出す。 ▶登場人物はどのようにして助かったのか歌の言葉に気を付けながら読み取る。 ▶登場人物の様子や、気持ちの変化を考え		

		や気持ちを考える。 →次のような部分に着目すると人柄や気持ちが捉えやすくなる。 ・会話文（登場人物のそのままの思いや考え） ・地の文（人物の様子や表情，行動に人柄や気持ち）	る。 ▶場面の様子を表す言葉に着目して読み返す。想像できる気持ちや気付いたことや感じたことを基に音読するときに気を付けることを書く。 ＊たいせつ 表現や場面の位置付けに気を付けて音読する。	

　光村版の教科書を見ると，段々と，作品を読む目が客観的かつ高度になるような手引きになっていることが分かる。1年生の段階では，作品世界に浸りきり，好きなところ，おもしろいところを楽しむ。ところが6年生になると，読む視点を表現や作者に向けさせている。発達段階が上がるにつれ，作品を客観的，批評的に読めるようになることへの期待が窺える。

表2-2-2　光村図書版教科書から抽出した文学的文章の構造と内容の把握／精査・解釈に関する知識・技能

低学年		中学年		高学年	
1年	2年	3年	4年	5年	6年
・好きなところ ・人物 ・題名 ・作者 ・かぎ ・おもしろかったところ ・訳者 ・したこと ・お話 ・言ったこと ・わけ	・様子 ・出来事 ・自分と比べる ・想像する ・詳しく読む	・場面 ・思い浮かべる ・組み立て ・始まり ・事件 ・むすび ・行動 ・気持ち ・変化 ・移り変わり ・挿し絵 ・会話文 ・地の文	・捉える ・中心となる人物 ・物語 ・役割 ・設定 ・自分を重ね合わせる ・経験と結び付ける ・読みが深まる，広がる ・人物と似たような体験	・人物どうしの関わり ・心情 ・人物像 ・ものの見方・考え方 ・情景 ・構成 ・効果 ・優れた表現 ・物語の魅力	・視点 ・対比 ・作品の世界 ・山場 ・対立する人物 ・助けたり支えたりする人物

第2章　学習指導要領と教科書が要求する知識・技能　45

		・語り手 ・登場人物 ・人柄	・着目する ・読み返す ・気付いたこと ・感じたこと ・表現 ・位置付け		

②教育出版

表２−２−３　H27〜31年版教科書（教育出版）中の物語教材単元にかかわる指導内容と学習用語

	低学年		中学年		高学年	
	1年	2年	3年	4年	5年	6年
教育出版版教科書の物語教材単元にかかわる指導内容と学習用語	【りすのわすれもの】 ◎お話を楽しく読む。 ○人物たちがしたことを比べて読み，どのようなお話か考える。 ・人物Aが話した，人物Bのしたことをノートにまとめる。 ・人物たちがしたことは，どのようなところが同じか話し合う。 ・おもしろかったところや好きなところに線を引いてそこを声に出して読み，おもしろかったわけやすきなわけを友達と話し合う。 　ここがだいじ したことをかんがえる 【お手がみ】 ◎お話に出てくる人に手紙を書く。	【「えいっ」】 ◎登場人物になったつもりで日記を書く。 ○登場人物の様子を想像しながら声に出して読む。 ・登場人物が言って，したことと，気持ちに線を引く。 ・人物がしたことを順番にノートに整理して，話の順序を確かめる。 ・ノートに整理したことを基に，登場人物の気持ちについて友達と話し合う。 ・人物の様子を思い浮かべながら，役割を決めて，好きなところを声に出して読む。 ○人物になったつもりで，その日にあったことを日記に書く。 ・ノートに整理したことを基に書く。 ・書いた日記を友達と読み合う。	【白い花びら】 ◎物語の続きを想像して書く。 ○場面ごとに登場人物の行動や気持ちを読む。 ・登場人物はどのような子か，行動や話したことに線を引いて話し合う。 ・ある場面での人物のしたことや見たこと，思ったことを表にまとめ，発表する。 ・まとめたことをもとに，文章の中の気に入った言葉について話し合う。 ・この次，どのような場面でどのような出来事が起こると思うか，物語の続きを想像して書く。 ・話し合った言葉を基に考える。 ・出来上がった物語を友達と交換して読み合う。	【白いぼうし】 ◎中心人物になったつもりで日記を書く。 ○中心人物の性格や場面の様子を想像しながら読む。 ・中心人物が出会った人やもの・ことを場面ごとにまとめ，その時の気持ちを書く。 ・書いたことを基に，中心人物の性格について話し合う。 ・地の文で使われている，たくさんのにおいや色を表す言葉をノートに書き出して，場面の様子を想像する。 ○中心人物になったつもりで「この日」の出来事を日記に書く。 ・学習したことを生かして，次のような事に気を付けて書く。 （中心人物の性格，におい	【いつか，大切なところ】 ◎物語の続きを想像して，文章に書く。 ◎揺れ動く人物の心情を考える。 ・人物の揺れ動く心情を，場面ごとに工夫してまとめる。 ・心情を表す表現で，特に印象に残った言葉とその理由をまとめ，話し合う。 ○この後の人物の様子を想像して，物語の続きを書く。 ・学習したことを参考に，想像を広げて書く。 ・書いた文章をこうかんして読み合い，感想を伝え合う。 　ここが大事 心情を読む（表情，態度，しぐさ，情景） 【大造じいさんとがん】	【川とノリオ】 ◎心に残った表現について，感想を話し合う。 ○優れた表現と，場面の様子や登場人物の心情との関わりを考える。 ・次のような表現を探し，効果について話し合う。（比喩・色・体言止め・擬人法・擬音・擬態・くり返し） ・場面ごとに，主人公に対して周囲がどのような様子であったかをノートにまとめる。 ・まとめたことを題名とも関連させ，友達と話し合う。 ○心に残った表現について感想を話し合い，自分の感じたことが伝わるように朗読する。（心に残った場面の表現・情景

46

○人物たちがしたことを確かめる。
・人物たちがそれぞれどこでどんなことをしたか、お話の順序を考えながら友達に話す。
・好きなところを選んで紹介する。
○人物たちの中から一人に宛てて手紙を書く。書き終わったら友達と読み合う。

ここがだいじ
様子を思い浮かべる

ここが大事
とうじょう人物

【きつねのおきゃくさま】
◎くりかえしのある話を作る。
○話の中で繰り返されるところをさがして、友達と交代で声に出して読む。
・声に出して読むときのしるしを工夫する。
○登場人物が考えたことをノートに書き、話し合う。
・どのような登場人物だと思うかわけを入れて書く。
○きつねが出てくるくりかえしのあるお話を作る。
・次のことに気を付けて文章を書く。(どんなきつね、どのような繰り返しの場面、最後にきつねはどうなるか)
・書き終わったら友達と読み合う。

ここが大事
くりかえしのあるあるお話を読む

【わにのおじいさんのたからもの】
◎お話の続きを想像して書く。
○登場人物の考えたことを想像しながら読む。
・読んで面白い

ここが大事
場面に気をつける

【のらねこ】
◎のらねこを中心人物とした物語を書く。
○物語を詳しく読んで中心人物の性格を考える。
・心に残ったことはどのようなことか。話し合う。
・中心人物の言葉や行動と、それらから気づいたことを整理し、中心人物について話し合う。
・中心人物は、他の登場人物をどのような気持ちや様子で見ていると思うか話し合う。
○次のような事を考えて、それぞれの性格を生かした物語を想像して書く。(どこでどのように出会ったか、どのような出来事があったか、性格が表れるように会話や行動を工夫して書く、どのような終わり方にするか)

ここが大事
登場人物の性格を考えながら読む

【わすれられないおくりもの】

や色を表す言葉、会話文)
・書いた日記を友達と読み合う。

ここが大事
会話文と地の文

【ぞろぞろ】
◎落語を音読したり演じたりする。
○会話から、場面の様子や登場人物のやり取りを想像して読む。
・話の面白さはどこにあるか話し合う。
・二人の人物のせりふからどのような性格だと思うか、感じたことを話し合う。
○好きな場面を選んで音読したり、落語のように演じたりする。(登場人物の性格・気持ち・話し相手・見ているものに気を付けて)

ここが大事
音読記号を使って音読する(速さ・強さ・間)

【一つの花】
◎読んだ感想を書いて、友達に伝える。
○場面を比べながら、人物の様子と思いを読む。
・人物のしたことをノートにまとめ、その時の願いや気持ちも想像する。

◎中心人物の立場で山場の場面を書きかえる。
○中心人物の心情の変化を考える。
・初めはどのような心情をもっていたか話し合う。
・中心人物は自分の目的達成のためにどんな方法をとったか、その時の心情を表にまとめる。
・この物語の山場はどこだと思うか、思った理由をまとめ、発表し合う。
○自分が山場と考えたところを、中心人物の立場で書きかえる。
・次のようなことに気を付けて書く。(地の文を基に想像を膨らませて、地の文にはない心情を考えて)
・書き終わったら、友達と読み合う。

ここが大事
「山場」を考える(人物像をとらえて)

【雪わたり】
◎この物語のおもしろさを発表する。
○表現の工夫や、登場人物の性格について考える。
・登場人物の性格を、表現などをもとにま

や人物の心情を具体的で分かりやすくしている表現・自分では到底思いつかないような表現)

ここが大事
すぐれた表現を読む

【きつねの窓】
◎登場人物になって想像したことを書く。
○この物語の特徴を考える。
・主人公の心情の変化をまとめる。
・主人公が指で作った窓に何が、なぜ映ったのかまとめる。
・不思議な世界に行ったことにより、主人公に変化があったのか話し合う。
○想像したことを書く。

ここが大事
構成の工夫を読む(ファンタジーの特徴)

	低学年		中学年		高学年	
	1年	2年	3年	4年	5年	6年
		と思ったところに線を引き，発表しあう。 ・人物のしたことと考えたこととを整理して話の順序を確かめる。 ・人物同士のやり取りから，それぞれが考えたことを想像して声に出して読む。 ○話の続きを書く。（会話を使って書く。） ここが大事 登場人物の考えをそうぞうする 【かさこじぞう】 ◎音読発表会を開く。 ○グループの中で役を決めて，読み方を工夫して読む。 ・お話の中で好きなところを選び，そのわけをグループの友達と話し合う。 ・グループの中で役（人物，語り手）を決めて，工夫して読む。 ○音読発表会を開き，他グループの発表を聞く。感想をノートに書く。 ・次のようなところに気を付けて書く。（はっきり，人物のことを考えながらせりふを読んでいたか，どのような読みかたの工夫をし	◎物語の好きなところを紹介する。 ○登場人物の心の動きを読む。 ・黙読し，特に心に残ったところと，その理由をノートにメモし，発表し合う。 ・登場人物の「おくりもの」についてまとめ，話し合う。 ・次のことを考えてノートに書き，発表し合う。（登場人物の気持ちがどのように変わったか，ある会話の後にどんな言葉を続けたと思うか，他の動物ならどのようなお礼の言葉を言ったと思うか） ○家の人や1，2年生にも分かるように，この物語の好きなところを紹介する。 ・登場人物の「おくりもの」について，感想を話し合う。 ・相手を決め，話し合ったことをもとに，物語をしょうかいする文章を書いて，発表する。 ここが大事 題名を考える 【モチモチの木】 ◎物語のおもしろいところをしょうかいす	・場面と場面を比べ違うところを探し，考えたことをまとめる。 ・題名や文中の大事な言葉がどのような事を表しているかを考え，話し合う。 ○心に残った場面や出来事をはっきりさせ，この物語の感想文を書き，友達に伝える。 ここが大事 感想文の書き方（始め・中・終わり） 【ごんぎつね】 ◎自分の考えた副題を付ける ○場面ごとに人物の行動や気持ちを読んでいく。 ・1の場面を読み，人物の性格を話し合う。 ・人物の気持ちが分かる表現を場面ごとに書き出し，気持ちの移り変わりを話し合う。 ○この物語がどのようなお話なのかを表す副題を考えて，発表する。 ここが大事 情景（情景描写）を読む 【木竜うるし】 ◎気に入ったところを選んで音読劇をする。 ○人物たちの性	とめる。 ・表現の工夫についてまとめる。（リズムのある表現・たとえを使った情景描写） ○この物語のおもしろさを考えて，発表し合う。 ここが大事 表現の工夫を読む	

	たか） ・書いた感想を読み合う。 ここが大事 声を合わせて読む 【ないた赤おに】 ◎心に残ったところを話し合う。 ○したことや会話などから，登場人物について考える。 ・順番に登場人物のしたことと考えたことをノートにまとめ，友達と話し合う。 心に残ったところを声に出して読み合う。 ここが大事 登場人物がどのようにかわるのか 【アレクサンダとぜんまいねずみ】 ◎あらすじをまとめて，お話を紹介する。 ○あらすじをまとめるために，お話を詳しく読む。 ・お話を読んで，強く心に残ったところをノートに書く。 ・次の点に気を付けてお話を読む。（どのような登場人物が出てきたか，だれが，いつ，どこで，どのようなことをしたか，どのような出来事があったか，お話はどのように終わ	る。 ○会話や行動から，中心人物の気持ちの移り変わりを考える。 ・場面ごとに会話や行動を抜き出し，人物について思ったことをまとめ，話し合う。 ・気に入った場面を選び，人物の気持ちが分かるように音読し合う。 ○この物語のおもしろいところを紹介する文章を書き，読み合う。 ここが大事 短い文が続く表現 【おにたのぼうし】 ◎人物に手紙を書く。 ○物語を読んで，人物の気持ちの移り変わりを想像する。 ・物語の始めの部分から想像できる人物の性格について話し合う。 ・特定の場面での人物の気持ちを想像してまとめ，話し合う。 ○性格や気持ちの移り変わりから，消えていった人物について考え手紙を書く。 ・人物が消えたことについて思ったことをメモし，みんなで発表する。 ・思ったことを手紙にして人	格の違いと考えの移り変わりをとらえる。 ・人物の性格の分かるところに線を引き，性格について話し合う。 ・人物の考えや気持ちが変わっていくことが分かるせりふと，変わったと思うわけをまとめる。 ・気に入ったところを人物の気持ちも加えて，物語のような文章に書きかえる。 ○気に入ったところを選び，グループで人物のせりふとト書きに分かれて音読劇をする。 ここが大事 脚本の作り（せりふ・ト書き）		

ったか) ○書き出したことをもとに、あらすじをまとめ、お話を身近な人に紹介する。 ここが大事 あらすじをまとめる	物に書き，互いに読み合う。 ここが大事 場面の移り変わりと登場人物の気持ちの変化	

　教育出版は，学習用語の積極的使用が目立つ。ここが大事というコーナーで，「登場人物」「会話文・地の文」「情景」などの用語を提示し，知識として学習用語を積極的に児童に与え，定着させようという姿勢が表れている。

表2-2-4　教育出版版教科書から抽出した文学的文章の構造と内容の把握／精査・解釈に関する知識・技能

低学年		中学年		高学年	
1年	2年	3年	4年	5年	6年
・お話 ・人物 ・したこと ・おもしろかったところ ・好きなところ ・順序 ・様子 ・思い浮かべる	・登場人物 ・様子 ・想像する ・言ったこと ・繰り返し ・わけ ・考え ・あらすじ ・心に残ったところ ・出来事	・物語 ・場面 ・行動 ・詳しく読む ・中心人物 ・性格 ・気持ち ・会話 ・題名 ・移り変わり ・抜き出す	・地の文 ・会話文 ・色，匂いを表す言葉 ・落語 ・比べる ・副題 ・情景 ・脚本 ・せりふ ・ト書き	・心情 ・変化 ・山場 ・表現の工夫	・優れた表現 ・効果 ・比喩 ・色 ・体言止め ・擬人法 ・擬音 ・擬態 ・繰り返し ・主人公 ・構成の工夫 ・ファンタジー

③東京書籍

表2-2-5　H27〜31年版教科書（東京書籍）中の物語教材単元にかかわる指導内容と学習用語

	低学年		中学年		高学年	
	1年	2年	3年	4年	5年	6年
東京書籍	【おおきなかぶ】 ○好きなところを見つけて，声に出して読	【風のゆうびんやさん】 てびき ◎人物の様子を	【すいせんのラッパ】 てびき ◎音や人物たち	【こわれた千の楽器】 てびき ◎人物の様子や	【だいじょうぶ だいじょうぶ】 てびき ◎人物の思いが	【サボテンの花】 てびき ◎自分の感じたことや考えた

50

版教科書の物語教材単元にかかわる指導内容と学習用語

みましょう。 ○いろいろなお話を読んでみましょう。 【かいがら】 ○熊の子と兎の子になったつもりで話しましょう。 ○いろいろなお話を読んでみましょう。 ことばの力 お話の好きなところを見つける 【サラダでげんき】 てびき ◎動物たちが教えてくれたことを確かめて、人物に手紙を書く。 ○だれがどんなことをしたか確かめる。 ※動物たちがでてきた場面を読む。 ○人物に手紙を書く。 ことばの力 だれがどんなことをしたか考える 【おとうとねずみチロ】 てびき ○いろいろなお話を読んで、好きな人物をしょうかいしよう。 ○人物の好きなところを見つける。 ○いろいろなお話を読む。 ○好きな人物を紹介する。 ことばの力 おはなしの人ぶつのしたことやようすをかんが	思い浮かべて、声に出して読む。 ○声に出す練習をする。 ○お話を声に出して読む。 ことばの力 こえに出して読む 【お手紙】 てびき ◎人物がしたことと、その時の様子を思い浮かべて読む。 ○人物がしたことと様子を思い浮かべながらよむ。 ことばの力 人物がしたことの順序を考える 【名前を見てちょうだい】 てびき ◎場面ごとに、えっちゃんの様子や、えっちゃんが会った人物の様子を思い浮かべて、声や動きで表す。 ○場面ごとに人物の様子を思い浮かべて読む。 ○人物の様子を声や動きで表す。 ことばの力 場面を分ける 【かさこじぞう】 てびき ◎昔話を読んでおもしろいと思うところを見つけ、カードに書いて友達に紹介する。 ○読んでおもしろいと思ったところを話し	の様子を思い浮かべて音読する。 ○場面の様子を思い浮かべる。 ▷いつのお話か、どんな人物が出てくるか確かめる。 ○ラッパの音がどんな音か想像して読む。 ▷様子を思い浮かべて人物たちの会話文を読む。 ▷場面を決めて音読する。 言葉の力 物語を音読する 【ゆうすげ村の小さな旅館】 てびき 人物の様子や行動を想像しながら読み、物語の中の仕掛けを探す。 ○物語の中の出来事を確かめる。 ▷時を表す言葉に気を付けて、場面を分け、場面ごとにどんな出来事が起きたのかを確かめる。 ▷どんな人物だと思うか、人物の気持ちが表れている言葉を手掛かりにして考える。 ○物語の仕掛けについて考える。 ▶最後まで読むと人物が実はウサギであることが分かる。場面の文章の中にあるヒントを探す。 言葉の力	気持ちを想像して読む。 ○人物の気持ちを想像しよう。 ▷物語を音読するために、それぞれの場面の感想や、人物について考えたことを伝え合う。 ▷場面ごとに人物たちの様子や気持ちを想像する。人物たちの気持ちの変化を考えながら、場面の会話文をどのように音読するか考える。 ▷人物の様子を想像し、そのときの気持ちが表れるように音読する。 ○役割を決めて音読しよう。 ▷グループの友だちと、みんなで読むところを決めて音読する。人物の気持ちを表すために、どのように音読するとよいか、次の点について考えて話し合う。(声の大きさ、読む速さ、間の取り方、人物の気持ちにあった声の出し方) 言葉の力 くふうして音読する 【走れ】 てびき ◎中心となる人物の気持ちの変化を考えながら読む。 ○出来事をたしかめよう。 言葉の力	伝わるようにくふうして音読する。 ○「ぼく」の思いを想像しよう。 ▷一人称の文章では、語り手である「ぼく」を想像しながら読むことが大切。 ▷起きた出来事を確かめる。 ・過去のことを思い出して語っているところ、現在のことを語っているところ ▷「だいじょうぶ、だいじょうぶ」にはどんな意味や気持ちが込められているのか。 ・誰が誰に対して言った言葉か ・どんな言葉に対して言っているか ▷「ぼく」の気持ちを想像し、「ぼく」のおじいちゃんに対する思いを考える。 ○「ぼく」の思いが伝わるように音読しよう。 ▷想像した「ぼく」の思いを表すためにどのように音読するとよいか考える。 ・どのような変化を付けて読むか ▷教科書やノートに、どのように読むかを書きこみ、読む練習をする。	ことが伝わるように朗読する。 ○物語と詩から、感じたことを確かめよう。 ▷二人の人物の考えを比べる。 ▷人物がどのように語りかけたか、どのように答えたか想像し、朗読するときの読み方を考える。 ▷物語の最後の場面での人物の行動について、感想を話し合う。 ▷詩を読み、感想を伝え合う。 ・特に印象に残った部分はどこか ○朗読しよう。 ▷物語と詩を読み、より心に響いた作品を選び、自分が感じたこと、考えたことが表れるように朗読する。 ・場面の様子に合わせた声の出し方、声の強弱、読む速さ、間の取り方などを工夫して ・互いの朗読を聞き合い、感じたことや考えたことが聞き手に伝わるように読んでいるか確かめる 言葉の力 聞き手に伝わるように朗読する ・作品をどうとらえたか、聞き手に伝わるように ・印象に残った

第2章　学習指導要領と教科書が要求する知識・技能

低学年		中学年		高学年	
1年	2年	3年	4年	5年	6年
えながらよむ おはなしをよんで，人ぶつのすきなところを見つける 【スイミー】 [てびき] ◎お話の好きなところを見つけて，声に出して読む。 ○好きなところを見つける。 ○声に出して読む。 [ことばの力] おはなしのすきなところを見つける	合う。 ○いろいろな昔話を読む。 ○昔話を紹介する。 [ことばの力] 何がどうなったのかを考える 【ニャーゴ】 [てびき] ◎それぞれの場面での場所や人物がしたこと，そのときの人物の様子が伝わるように紙芝居をする。 ○場面の様子を思い浮かべて，紙芝居を作る。 ○人物の様子を想像して，紙芝居をする。 [ことばの力] 場面の様子を思い浮かべる	物語の仕掛け 【サーカスのライオン】 [てびき] ◎物語を通して，人物の気持ちがどのように変わっていったのかを考える。人物に伝えたいことを文章にまとめ，物語の感想を伝え合う。 ○人物の気持ちを考える。 ▶物語の中で，どんな出来事が起きたのかを確かめ，場面ごとに人物の気持ちを整理する。 ▶人物の気持ちはどのように変わっていったか考える。 ○人物たちの行動の理由を考える。 ○感想を伝え合う。人物に伝えたいことを文章にまとめ，物語を読んで感じたことや思ったことを話し合う。 [言葉の力] 中心となる人物を見つける 【はりねずみと金貨】 [てびき] ◎いろいろな国や地域の物語を読み，あらすじをまとめて，友達に紹介する。 ○あらすじをま	▶それぞれの場面でどんな出来事が起きたのか確かめ，内容の大体を捉える。 ○中心となる人物の気持ちの変化を捉えよう。 ▶場面ごとに中心人物の気持ちを考えながら読む。 ▶文章中の言葉を手掛かりに，中心人物の気持ちを整理する。 ▶中心人物の気持ちは，どこで大きく変わったか。どのように，なぜ変わったか考え，伝え合う。 [言葉の力] 中心となる人物の変化 【ごんぎつね】 [てびき] ◎人物の気持ちの変化と，中心となる人物とほかの人物との関わりを考えながら読む。 ○人物Aに対する人物Bの気持ちを考える。 ▶最初の場面を読んで，この物語の，時，場所，人物を確かめる。 ▶物語で起きた出来事を確	▶友達と音読を聞き合い，感想を伝え合う。 [言葉の力] 聞き手に伝わるように音読する ・人物の気持ちに合った声の出し方 ・時間の経過，人物の行動や気持ち，大事だと思うところを強調する 【世界でいちばんやかましい音】 [てびき] ◎物語の構成をとらえ，山場で起きた変化について考える。 ○物語の山場を見つけよう。 ・山場 ・時・場所・人物について説明されているところ ・山場で変化が起きた後どうなったか ▶山場はどこか。 ▶どんな出来事が起きてどのように山場へ進んでいったのか場面ごとに起きた出来事を整理。 ・それぞれの場面で人物はどう考え行動したのか ○山場で起きた変化について考えよう。 ▶山場の場面で王子様はどのように変わったか，なぜ変わったか。 ▶物語全体を通	場面や特に大事だと思った言葉を工夫して ・場面の様子に合わせた声の出し方・強弱，読む速さ，間の取り方 【風切るつばさ】 [てびき] ◎人物と人物との関係を手掛かりに，人物の心情をとらえる。 ○人物同士の関係をとらえよう。 ▶人物同士の関係を図に整理しよう。 ・人物同士はどのような関係か ・人物がされたこと（事件）についてそれぞれの人物はどのように考えていたか ○人物の心情の変化について考えよう。 ○人物の心情の変化について考えよう。 ▶人物同士の関係に着目し，場面における心情を考える。 ▶重要な心情の根拠を以前の心情と比べて考える。 ▶音の表現にどんな心情が表れているか考える。 ▶中心人物が飛べなくなったのはなぜか，飛べるように

52

とめる ▶題名について考える。 ▶人物を手掛かりにして場面ごとに出来事を整理する。 ▶どんな物語だったかあらすじをまとめる。 ○いろいろな国や地域の物語を読む。 ○読んだ物語を紹介する。 言葉の力 あらすじをまとめる →あらすじをまとめることで、物語の内容の大体を伝えることができる。 【モチモチの木】 ◎人物がどんな男の子か想像し、様子や気持ちが聞く人に伝わるように音読で表す。 ○人物がどんな男の子か考える。 ▶語り手は、人物をどんな男の子だと表しているか、文章の中から探す。 ▶人物の行動から、どんな男の子だと思うか話し合う。考えた理由も併せて伝える。 ○音読発表をする。 ▶どのように読むと人物の様子や気持ちが伝わるか考える。 ▶人物らしさが分かると思う場面を選び、音読で発表す	かめ、人物の行動と、そのときの気持ちを整理する。 ▶物語を通して、人物の気持ちはどのように変わったか。整理したことを基に考える。 ▶最後の場面の人物たちはどんな気持ちだったか。それぞれの気持ちを想像して文章に書く。 ○読んだ感想を伝え合おう。 ▶物語を読んだ感想を伝え合う。最後の場面の人物の気持ちを想像して書いた文章を読み合い、なぜそう思ったのか、どんなことを感じたのか伝え合う。自分の感想と友達の感想の似ているところ、違うところを考えながら聞く。 言葉の力 中心となる人物とほかの人物との関わり →中心となる人物はどのような人物か。 →ほかの人物との間にどのような出来事があるか。 →中心となる人物の気持ちが変化するきっかけとなる出来事は何か。また、その出来事にほかの人物はどのように関わっているのか。	してどんなことが変わったか、どのように変わったか。 言葉の力 物語の山場を考える 【注文の多い料理店】 てびき 物語の構成や表現のくふうを考えながら読む。 ○物語の出来事の流れを確かめよう。 ▶どこから不思議な世界へ入り、現実の世界へ戻ったのか ▶言葉の意味に気を付けて不思議な世界で起きた出来事を確かめる。 ・題名の意味 ▶現実の世界に帰ってきた二人の人物の様子について考える。 ・前と比べて同じところ、違うところ ○表現のくふうを探ろう。 自分がおもしろいと思った表現や工夫 ・様子を表す言葉、色彩、たとえ、くり返し ○おもしろさの秘密を解説しよう。 ▶解説文を書く。 言葉の力 表現のくふうを見つける ・題名の意味、物語の仕掛け 【大造じいさんとがん】	なったのはなぜか。考えを伝え合う。 言葉の力 人物と人物の関係を考える 【海のいのち】 てびき 物語が自分に最も強く語りかけてきたことをまとめる。 ○人物の変化について考えよう。 ▶中心人物の心情が最も大きく変化する場面（山場）はどこか考える。 ▶山場までに中心人物がどのように考えていたかを読み取り、ノートに整理する。 ▶山場で中心人物の心情はどのように変化したか。なぜ変化したか。 ○物語が最も強く語りかけてきたことをまとめよう。 ▶中心人物の心情の変化を踏まえ、物語が自分に最も強く語りかけてきたことは何か考える。 ▶物語が自分に最も強く語りかけてきたことを短い言葉でまとめ、伝え合う。 言葉の力 物語が自分に最も強く語りかけてきたことを考える 【ヒロシマのうた】

	低学年		中学年		高学年	
	1年	2年	3年	4年	5年	6年
			る。 ▶自分と友達の音読を比べて、よかったところ、新しく気付いたことなどを伝え合う。 言葉の力 どんな人物かを考える 学習で使う言葉 ・暗唱 ・音読 ・会話文 ・作者 ・人物 ・題名 ・段落 ・場面 ・文・文章 ・あらすじ ・語り手 ・地の文	【世界一美しいぼくの村】 てびき ◎物語を深く味わうために、つながりのある本を合わせて読む。 ◎物語の中の文や言葉を引用して紹介する。 ○読んだ感想を話し合おう。 ▶村の様子と中心となる人物の気持ちを考えながら読む。 ▶最後の一文を読んでどんなことを感じたか。話し合う。 ○つながりのある本を読もう。 ▶つながりのある本を読んで感じたことを話し合う。 ○つながりのある物語を読もう。 ▶同じ人物が出てくるものや、物語の世界が同じものなどがある。 ○読書会を開こう。 ▶つながりのある物語について紹介する読書会を開く。 言葉の力 つながりのある物語を読む 【木竜うるし】 てびき ◎場面の様子や人物の気持ちの変化が表れるように音読する。 ○場面の様子や人物の気持	てびき 場面の様子や風景の描写をとらえ、人物の心情について考える。人物の心情が表れるように朗読する。 ○人物の心情の変化をとらえよう。 ▶人物がどのように思っていたか、どのような計略を立てたか、その結果は。 ▶情景描写に誰のどんな心情が表れているか考える。 ▶人物の気持ちはどのように変わったのか、なぜ変わったのか。 ○朗読で表現しよう。 ▶いちばん印象に残ったこと、人物の気持ちはどのように変化したか、どの場面に人物の気持ちがよく表れているか ▶自分が一番印象に残った場面を選び自分の感じたことが相手に伝わるように選んだ場面を朗読する。 ▶朗読を聞き合い、それぞれの良さや感じ方の違いを見つけ話し合う。 言葉の力 情景描写から人物の心情を考える。	てびき 関連する本を読み、物語を深く味わう。 自分の感想と深く関わる文章や言葉を用いて推薦する。 ○戦争や平和について書かれた本を読もう。 ○読んだ本を推薦しよう。 ▶読んだ本の中から一冊選び推薦するためのカードを書く。 ・書名、短い呼びかけの言葉、印象に残った文章や言葉、感想 言葉の力 関連付けて読む 学習で使う言葉 ・引用 ・構成 ・根拠 ・中心となる人物 ・山場 ・朗読

54

				ちを考える。 ▶場面ごとに起きた出来事を確かめ，場面の様子や人物の様子を想像する。(ト書きとせりふから) ▶行動や会話を手掛かりに，どんな人物だと思うか考え話し合う。 ▶なぜ人物の気持ちは変わったか。 ○役割を決めて音読劇をする。 ▶人物，ナレーター（ト書きを読む人）の役割を決めて，音読劇をする。どのようによむとよいか考えて，教科書やノートに書き込む。 ▶グループの発表を聞き合い，よかったところ，気が付いたところを伝え合う。 [言葉の力] 脚本を読む ・脚本は人物のせりふとト書きからできている ・脚本には地の文がない 学習で使う言葉 ・あらすじ ・引用 ・音読 ・会話文 ・地の文 ・中心となる人物 ・場面	→人物の行動や会話，地の文に描かれている情景から心情を考える。 学習で使う言葉 ・一人称 ・語り手 ・構成 ・中心となる人物 ・山場 ・朗読	

東京書籍版教科書は，学習用語を明確にしている。３年生以上の教科書で，「学習で使う言葉」として，直接学習用語を比較的多めに提示している。現

行の教科書では珍しい。ただし，3年で提示した「語り手」が，5年で再提示されるなど，同じ用語を繰り返し登場させている。

5年の「一人称」，6年の「根拠」などが個性的で目を引く用語である。

表2-2-6　東京書籍版教科書から抽出した文学的文章の構造と内容の把握／精査・解釈に関する知識・技能

低学年		中学年		高学年	
1年	2年	3年	4年	5年	6年
・好きなところ ・お話 ・人物 ・したこと	・様子 ・思い浮かべる ・順序 ・場面 ・昔話 ・おもしろいところ ・紙芝居 ・想像する	・会話文 ・作者 ・題名 ・場面 ・あらすじ ・語り手 ・地の文 ・物語 ・仕掛け ・出来事 ・気持ち ・行動 ・変化 ・理由 ・中心人物 ・段落 ・文 ・文章	・引用 ・内容の大体 ・捉える ・手掛かり ・体験と関連付ける ・人物との関わり ・味わう ・つながりのある（本・物語） ・脚本 ・ト書き ・せりふ	・一人称 ・構成 ・山場 ・表現の工夫 ・色彩（語） ・たとえ ・繰り返し ・描写 ・情景	・構成 ・根拠 ・比べる ・考え ・人物同士の関係 ・物語が語りかけてきたこと ・関連付けて読む

④学校図書

表2-2-7　H27～31年版教科書（学校図書）中の物語教材単元にかかわる指導内容と学習用語

	低学年		中学年		高学年	
	1年	2年	3年	4年	5年	6年
学校図書版教科書の物語	【おおきなかぶ】 ◎お話で遊びましょう ◎みぶりや声の出し方を考えながら楽しみましょう。 ・何の役をしようかな。 ・相談して決め	【スイミー】 学しゅうのてびき ◎場面の様子を想像して，お気に入りのところを紹介する。 ・次のように思ったところは	【つり橋わたれ】 学しゅうのてびき ◎場面の移り変わりに注意して，人物がいつ，どんなふうに変わったか読む。 ・会話文を物語	【白いぼうし】 学習のてびき ◎人物の行動や物語の表現から，人物や場面のイメージを膨らませて読む。 ・物語全体について考える。	【みちくさ】 学習のてびき ◎人物の関係がどのように変わったか，会話や心情を表す言葉をもとに話し合う。 ・物語にかかれている人物同	【遠眼鏡の海】 学習のてびき ◎物語の一つ一つの要素や物語全体が象徴する意味を考えて，話し合う。 ・物語全体を見通すために，

56

教材単元にかかわる指導内容と学習用語

よう。

【月よに】
がくしゅうのてびき
◎登場人物のしたこと，いったことから様子を思い浮かべて声に出して読む。
○登場人物の二人はどんなことをしたり，言ったりしたか，お話の順序で，絵に番号を付けて確かめる。
○登場人物のしたこと，言ったことが変わっていく様子を思い浮かべる。
○登場人物のしたこと，言ったことが変わっていく様子が分かるように声に出して読む。登場人物になったつもりでかぎやかっこのところを工夫して読む。

【ろくべえまってろよ】
◎登場人物のしたことや思ったことを確かめながら，役割を決めて読む。
○人物のために誰が何をしたか。音読して確かめながら，場面の順に番号を付ける。
○人物たちは，心の中でどう思ったのか考える。
○音読劇や人形

どこか。（楽しかった，こわかった，おもしろかった，よくやった）
・場面の様子を想像する。
・場面の様子を表すおもしろい表現を見つける。
・お話を紹介する文章にする。

【きつねのおきゃくさま】
◎お話クイズ大会をする
○お話を楽しんで読むためにみんなでクイズ大会をする。
○最後にみんなでお話の大きななぞにチャレンジする。→なぜ主人公は「はじめしそうにわらってしんだのか。」

【かさこじぞう】
◎いつ，だれが，どんなことをしたか。場面の様子を思い浮かべて読む。
○登場人物について考える。
○お話を場面に分ける。
○どうして地蔵様たちは二人のところにやってきたのか話し合う。
○感想を登場人物に書いて発表し，聞きあう。

<国語のカギ>
・始め，中，終わり
・設定（紹介）→展開（出来事の始まり）

の順に並び変え，全体を見通す。
・主人公の気持ちの変化を考える。（始め・中・終わり）
・不思議な出来事は，どんなふうに始まり，どう終わったか。

【あらしの夜に】
◎おもしろさを話し合おう
○この物語のおもしろさをみんなで話す。
○チームになって報告する。
○最後に次の謎を考える。→明くる日，どんなことがおきたか。
○人物がどのように変化したか，それはどんなことがあったからかを読み取る。
○人物の変化を読み取る。（中心人物，きっかけ，終わり）

【わにのおじいさんのたから】
○物語のおもしろさから自分の問いを作り，物語の表現や人物のしたことをもとに，問いに答える。
○この物語のおもしろさは何か。
○それぞれのおもしろさから問いを作り，それをもとに物語を読み

・色，声や音，においを感じさせるものなど，人間の感覚に関係する表現からイメージを膨らませて読む。
・二か所ある不思議な出来事は，どんなふうに始まり，どう終わったか。
・物語のイメージを生かして音読する。

【ポレポレ】
◎魅力的な人物を紹介しよう
○どの人が好きか，どの人の気持ちが一番分かるか友達と話す。
○人物がしたことや言ったことでおもしろかったことを挙げる。
○人物を取り上げて，本を紹介する。
○友達に魅力的な人物を紹介する。

【ごんぎつね】
◎人物の気持ちを物語の表現から想像して読む。
○兵十に対するごんの気持ちはどこでどのように変わったか。
○登場人物たちのそれぞれの気持ちを考える。
○物語がどのように描かれているかに着目して話し合う。

【世界でいちばんやかましい音】
◎物語がどうできているかを考え，表現の工夫を見つけ

士の関係を読み取る。
・二か所ある不思議な気持ちはそれぞれどんな気持ちか。違いが分かるように説明する。
・人物二人はこの後どのような関係になっていくか，話し合う。

【注文の多い料理店】
◎物語の人物が答える。
○「物語の人物が答えます」ゲームをする。
○「別の世界や場所に行って帰ってくる本」を読んで，おすすめの本を紹介する。

【大造じいさんとがん】
◎描写と人物の心情の関係に着目して読み，他の物語から優れた描写を見つける。
○中心人物の心情を考える。（心情の変化をたどる）
○人物の心情が表れている描写を抜き出す。何を表しているか，どんな効果を上げているか。
○好きな物語から，人物や風景などの優れた描写を探す。

<国語のカギ>
・人物描写
・情景描写

全体を大きく四つに分け，それぞれのまとまりに題名を付ける。
・物語の不思議なところを解き明かす。
・物語の主題を考える。

【きつねの窓】
◎語り手の語り方に目を向けて物語を読み深め，語り手以外の立場からも読んで，自分の読みを作る。
○主人公の「ぼく」はどんな人か，それはどこから分かるか，物語全体から探して説明する。
○物語の語りに注目して読む。
○語り手ではない側から物語を考える。

【その日，ぼくが考えたこと】
◎「ぼく」が「考えたこと」を自分たちの問題として考え，話し合う。
○主人公が考えたことを読み取る。
○どんな設定の工夫があるか探す。
○取り上げられた問題について，自分のこととして話し合う。

授業で使う言葉
情景
主題
心情

	低学年		中学年		高学年	
	1年	2年	3年	4年	5年	6年
	劇にして聞きあう。 じゅぎょうでつかうことば 文　文しょう じゅんじょ・じゅんばん・じゅん おはなし　ものがたり とうじょうじんぶつ そうぞう　ばめん だい名	→山場（盛り上がり）→結末（終わり） ・お話の外がわ 【お手紙】 ◎登場人物のしたことのわけを想像する。ほかの話も読んで友達に知らせる。 ◎それぞれの登場人物がしたことや言った言葉（会話）を確かめる。 ◎登場人物二人の気持ちを想像する。 ◎この登場人物たちが出てくる他の本を読んで，見つけたことを友達に知らせる。 じゅぎょうでつかうことば 文 文しょう お話・ものがたり とう場人ぶつ 場めん ひょうげん そうぞう し 音読	進める。 ○出しあったおもしろさのグループから，みんなで問いを作る。 じゅ業で使う言葉 物語 登場人物(人物) 場面 連 表現	る。 ○最初に読んだときに，どの辺りで結末を予想したか。 ○物語の展開について考える。（設定・展開・山場・結末） ○物語の構成・展開・書き方にかかわる表現の工夫が，物語の中で，どのように生かされているか話し合う。 <国語のカギ> ・地の文 ・語り手 じゅ業で使う言葉 表げん 心情 人物 連 情景	授業で使う言葉 情景 心情 おくづけ 主題	

　学校図書は，東京書籍に次いで学習用語の提示数が多い。同じ用語を繰り返し提示するところも東京書籍と共通している。

　１年から６年までの全学年の教科書において，授業で使う言葉として学習用語を示している。また，１年生のうちから「登場人物」（他社では「人物」）「想像」「物語」「場面」など，やや高度かと思われる語彙をはっきりと学習用語として提示しているのも特徴的である。

表2-2-8　学校図書版教科書から読み取れる文学的文章の構造と内容の把握／精査・解釈に関する知識・技能

低学年		中学年		高学年	
1年	2年	3年	4年	5年	6年
・お話 ・登場人物 ・したこと ・言ったこと ・思ったこと ・絵 ・様子 ・思い浮かべる ・文 ・文章 ・順序・順番 ・物語 ・想像 ・場面 ・題名	・表現 ・始め・中・終わり ・設定 ・出来事 ・お話の外側	・移り変わり ・変化 ・会話文 ・中心人物 ・きっかけ	・イメージ ・色・声や音・匂いを感じさせるもの ・気持ち ・表現の工夫 ・設定 ・展開 ・山場 ・結末 ・構成 ・地の文 ・語り手 ・情景	・人物同士の関係 ・心情 ・描写 ・着目 ・情景 ・奥付 ・主題	・要素 ・物語全体 ・象徴 ・主人公

⑤三省堂

表2-2-9　H27～31年版教科書（三省堂）内の物語教材単元にかかわる指導内容と学習用語

	低学年		中学年		高学年	
	1年	2年	3年	4年	5年	6年
三省堂版教科書の物語教材単元にかかわる	【おおきなかぶ】 ◎くふうしてよむ ◯おもしろかったところを話す。 ・おもしろかったところはどこか友達に話す。 ◯お話を楽しむ ・どんな人や動物が出てきたか順に書く。 ・ある会話文の声の主がだれかを考えて話し合う。	【たろうのともだち】 ◎声に出して読む ◯話を読んでおもしろかったところはどこか，友達に話す。 ◯様子に気を付けて読む。 ・登場人物の機嫌の悪い様子はそれぞれどのように書かれているかノートに書き写す。	【ピータイルねこ】 ◎人物の様子に気を付けて読む ◯感想を発表する ・おもしろいと思ったのはどんなところか発表する。 ◯人物の気持ちや様子を考える ・主人公はあるせりふをどんな気持ちでいったのか話し	【白いぼうし】 ◎様子を思い浮かべながら音読する ◯感想を発表する ・読んで，おもしろいな，不思議だなと思ったところはどこか発表する。 ◯人物や場面の様子を思い浮かべる ・どんな人物が出てきたかそれぞれの場面	【カニモトくん】 ◎表現を味わい，豊かに想像する ◯感想を発表する ・読んで，おもしろかったところや心に残ったところを発表する。 ◯登場人物の様子を比べる ・人物と人物をノートに書く。 ・人物と人物の様子を比べて，	【竜】 ◎朗読を楽しむ ◯感想を発表する ・読んで，おもしろいと思ったのはどんなことか，発表する。 ◯心情の変化を読み取る ・はじめと終わりの場面を比べる。人物の様子や心情はどのように変わったか。変化のきっかけ

第2章　学習指導要領と教科書が要求する知識・技能　59

	低学年		中学年		高学年	
	1年	2年	3年	4年	5年	6年
指導内容と学習用語	・人物たちがどんな気持ちだったか話し合う。 ○声に出して読む ・出てきた人や動物の役になったり、読み方を工夫したりしてみんなで声に出して読む。 【あいしているから】 ◎気持ちを考えながら読む ○心に残ったところを話す ・話を読んで心に残ったところはどこか友達に話す。 ・大事なせりふのところで、主人公がどんな気持ちだったか話し合う。 ・話の最後で主人公が温かい気持ちになったのはどうしてか話し合う。 【いなばの白ウサギ】 ◎昔話を楽しむ ○おもしろかったところを話す 話を読んで、おもしろいとおもったところはどこか、友達に話す。 ○昔話を楽しむ ・話には主人公のほかにだれがでてきてどんなことをしたかまとめる。 ・話に出てきた誰かに聞いてみたいことを書く。 ○昔話を紹介する ・お気に入りの	・最後、みんなはどんな様子だったか話し合う。 ○役に分かれて読む。 ・グループで役割を決め、様子が分かるように声に出して読む。(動物・人物・地の文) ・グループで発表して気づいたことを伝え合う。 【お手紙】 ◎気持ちを考えながら読む ○おもしろかったところを話す ・おもしろいと思ったのはどんなところか友達に話す。 ○気持ちを考えながら読む ・人物二人がどんな気持ちだったか、言ったこと、したことに気を付けて話し合う。 ・気持ちが伝わるように工夫して音読する。 ○手紙を書く ・話に出てきただれかに手紙を書く。 【きつねのおきゃくさま】 ◎心に残ったことを話す ○読んで心に残ったのはどんなことか友達に話す。 ○行動に気を付けて読む ・話の内容を読み取る ・主人公の呼び名が変わっていくときの、主人公や他の登場人物の気	合う。 ・主人公は黒い猫と出会ってどのように変わったのか、考えたことを話し合う。 ○声に出して読む ・二人一組で、会話の部分をそれぞれの役になって音読する。 【うさぎのさいばん】 ◎会話に気を付けて音読する ○感想を発表する ・おもしろいと思った場面、言葉はどこか発表する。 ○会話に気を付けて読む ・会話の部分を人物の気持ちを想像しながら読む。 ○音読を発表する ・好きな場面を様子や人物の気持ちが伝わるように音読するには、どんな工夫をすればよいか話し合う。 【わすれられないおくり物】 ◎人物の気持ちを考えながら読む ○感想を発表する ・心に残ったことや、みんなで考えてみたいことを発表する。 ○話の内容を読み取る ・人物たちが中心人物から教えてもらった	ごとにまとめる。 ・中心となる人物はだれか、どんな人物か、人物の行動や会話から分かることについて話し合う。 ・最後の場面の会話文はだれの声か、どんな気持ちが込められているか話し合う。 ・色やにおいを表す言葉を探し、どんな感じを受けるか話し合う。 ○お気に入りの場面を音読する ・お気に入りの場面を見つけ場面の様子が伝わるように音読の仕方を発表する。 ・音読を聞き合い、感想を伝え合う。 【いわたくんちのおばあちゃん】 ○場面の移り変わりに気を付けて読む ○感想を発表する ・心に残ったことを発表する。 ・場面の移り変わりを読み取る。 ・8月6日のことが描かれている場面を、様子を思い浮かべて音読する。 ・今日と人物が16歳だったころとを比べ、考えたことを書く。 ○人物がなぜ家族と一緒に写	様子の違いの分かることを話し合う。 ○気持ちを想像する ・人物はどんな気持ちだったか。 ・ある日の「ぼく」の日記を書いて、友達と紹介し合う。 ○気に入った表現を見つける ・読んで気に入った表現を書き写し、その表現を選んだ理由や、表現から想像したことを発表する。 ※物語には、場面の様子や登場人物の気持ちを表すための工夫が多くある。 ・色や音を表す言葉 ・繰り返しの表現 ・比喩 ・!や…などの記号 などに着目する。これらの表現から想像を膨らませると、物語の読みがより深く楽しくなる。 【競走】 ◎様子が伝わるようにくふうして音読する ○感想を発表する ・読んで、おもしろいと思った場面や、心に残った登場人物の様子を発表する。 ・登場人物や場面の様子を確かめる。 ・人物たちがど	はどんなことか、まとめる。 ・人物の心情について話し合う。 ○朗読する ・物語から読み取ったことを基に、場面の様子や登場人物の心情など、朗読で伝えたいことを決める。 ・表現に気を付けて朗読する。 ・朗読を聞き合う。どんな工夫をしているか、伝えようとしているか考えながら聞く。読み取ったことと関連させて、感想や意見を伝え合う。 ※文章から受け取った思いや考えが相手に伝わるように声に出して読むことを朗読という。声の強さや速さの変化、間の取り方などの工夫が必要。登場人物の人物像や心情の変化を自分の心でしっかりと捉えて作品をどのように語りたいか考えることが大切。 【紅鯉】 ◎心情の変化を考えながら読む ○感想を発表する ・読んで心に残ったことや、自分の経験に重なると思っ

60

昔話をしょう
かいする。
【夕日の しず
く】
◎様子を思い
浮かべながら
読む
○感じたことを
話す
・話を読んで，
かんじたこと
や，気が付い
たことを話す。
・様子を思い浮
かべながら読
む
・人物がどんな
ものを見てど
んな様子だっ
たかノートに
書く。
・様子を思い浮
かべながら，
話を声に出し
て読む。
○気持ちを想像
する
登場人物がど
んな気持ちで笑っ
ていたか話し合
う。

持ちを表にま
とめる。
・主人公はどん
な人物だと思
うか行動や様
子から思った
わけを話し合
う。
○気持ちを想像
して書く
・主人公にどん
な言葉をかけ
たいかノート
に書く。

【かさこじぞう】
◎昔話を楽しも
う
○おもしろかっ
たことを話す
・おもしろいと
思ったところ
はどこか友達
に話す。
・声に出して読
む
・声に出して読
みたいところ
をグループ
で選ぶ。どの
ように読めば
様子が伝わ
るか話し合う。
・話し合ったこ
とをもとに声
に出して読み，
友達の読み方
で良いと思っ
たことを伝え
合う。
○昔話を紹介
する
・ほかの昔話を
読んでお勧め
の一冊を友達
に紹介する。
伝えること→
題名・作者・
おもしろいと
思ったとこ
ろ・おすすめ
の理由

【フレデリック】
◎おもしろいと
ころを見つけ
よう
○おもしろかっ
たところを話
す
・おもしろいと
思ったところ

ことをノート
に書く。
・人物たちが中
心人物からど
んな贈り物を
受け取ったか
話し合う。
・人物の気持
ちを考える。
・人物たちにど
んな気持ちで
いると思うか場
面ごとに話し
合う。
○考えたことを
紹介する
・ある会話文の
後に，人物が
心の中でどん
な言葉を続け
たと思うか考
えたことをま
とめ，友達と
紹介し合う。

【おにたのぼう
し】
◎場面の様子
を思い浮か
べながら読む
○感想を発表
する
・おもしろいと
思ったところ，
不思議だと思
ったところは
どこか発表す
る。
○場面の様子を
思い浮かべな
がら読む
・始めの場面か
ら，中心人物
がどんな人物
か分かるとこ
ろを見つけて
まとめる。
・それぞれの場
面で，中心人
物や周りの様
子はどうだっ
たか話し
合う。
○人物の気持ち
を考える
・主人公の呟き
にはどのよう
な気持ちが
表れているか
考えたことを
話し合う。

真を撮るのを
断るのか話し
合う。

【ごんぎつね】
◎気持ちの変化
を考えながら
読む
○感想を伝え合
う
・心に残ったの
はどんなこと
か友達と伝え
合う。
・登場人物につ
いて詳しく読
みさる。
・ごんの暮らし
や性格につい
て分かるとこ
ろを探しまと
める。
・場面ごとに，
ごんはどのよ
うな気持ち
で行動したの
か話し合う。
○登場人物の気
持ちの変化を
まとめる
・最後の場面の
ごんと兵十の
気持ちを考え
る。
・詳しく読んで
考えたことを
発表する
ごんにどんな
ことを言って
あげたいか発
表し合う。

【あたまにつま
った石ころが】
◎人物像をとら
えて読む
○感想を発表す
る
・登場人物につ
いて感じたこ
とを発表する。
○人物像をとら
える
・ある行動の様
子をもとに人
物について考
え話し合う。
・人物のどの行
動に学ぶこと
を大事にして
いたことが表
れているか話

んな思いでい
たか。表現を
基に話し合う。
○様子が分かる
ように音読す
る。
・人物たちの様
子を想像する。
想像した様子
が伝わるよう
に，声の大き
さや読む速さ，
間の取り方に
留意して音読
する。
・友達と音読を
聞き合い，感
じたことやよ
かったことを
伝え合う。
○場面の様子を
捉えて想像を
広げる。
・人物は他の人
物からどのよ
うに見えたか
話し合う。
・最後にみんな
はどんなこと
をしゃべった
のか。また，
人物はみんな
にどんなこと
を話したか，
想像して，声
に出し合う。

※聞き手に場面
の様子や人物
の気持ちが伝
わるように音
読する。文章
の表現から場
面の様子を想
像したり，登
場人物の気持
ちになったり
して，声の強
さや高さ，間
の取り方など
をくふうする。

【大造じいさん
とガン】
◎優れた描写を
味わう
○感想を発表す
る
・読んで心に残
ったところは
どこか発表す
る。

たことを発表
する。
○心情の変化を
考える
・場面ごとに登
場人物を整理
する。他の登
場人物との関
係について話
し合う。
・場面での人物
の心情につい
て文脈に沿っ
て考え，話し
合う。
・会話に使われ
ている「…」
が表している
ことを考え，
隠された言葉
を想像する。
・主人公が「ど
うでもよかっ
た」のか，考
えをまとめる。
○優れた表現に
ついて自分の
考えを持つ。
・工夫された表
現や，その表
現が作品に与
える効果につ
いて考えたこ
とを話し合う。

※主人公に大き
な影響を与え
る人物や物，
出来事などに
注目して読む
と，心情が揺
れ動く様子や
変化した理由
などが分かる。
登場人物と自
分を重ね合わ
せて心情を豊
かに想像する
ことで，物語
をより豊かに
味わうことが
できる。

【まほう使いの
チョコレート・
ケーキ】
○人物の関わり
を考えながら
読む
○感想を発表す
る
・読んでおもし

第2章　学習指導要領と教科書が要求する知識・技能　61

	低学年		中学年		高学年	
	1年	2年	3年	4年	5年	6年
		はどこか友達に話す。 ○様子を読み取る ・ある場面で主人公は何をしていたか，主人公の様子を見てどう思ったかノートに書く。 ・主人公の話を聞いて，他の人物たちはどんな様子だったか話し合う。 ○読み深めた感想を書く。 ・主人公がしたことや話したことについて，感じたことを書き，友達と読み合う。 ＜用語＞ 音読 登場人物（人物) 人物の気持ち 人物の様子 会話　場面	＜用語＞ 会話　語り手 人物の気持ち 場面の様子	し合う。 ・わたしは父の生き方をどのようにみているか話し合う。 ・作品全体を通し，一番心に残った人物の行動や会話，様子，考え方などについて発表する。 ○他の作品の登場人物を紹介する ・これまでに読んだ作品の中から，好きな登場人物を選び，人物像をまとめ，友達に紹介する。 ＜用語＞ 語り手 音読 場面の移り変わり 情景	○人物の行動を捉える ・人物のした工夫，結果を場面ごとにまとめる。 ○すぐれた描写を見つける ・情景から人物の心情が想像できるところをさがす。 ・戦いの様子がどのように描かれているか，気に入った表現を書き写し，紹介し合う。 ○心情の変化を捉える ・人物は，相手をはじめどのように見ていたかまとめる。 ・人物は，なぜ最後に晴れ晴れとした顔つきで見守っていたか話し合う。 ※情景描写から，直接書かれていない人物の様々な心情を想像して，物語をより深く味わう。 ＜用語＞ 情景 描写 心情	ろいと思ったところを発表する。 ○人物の関わりから心情の変化を読み取る。 ・人物たちの様子を時間に沿ってまとめる。 ・人物の様子や心情を言葉から想像する。 ・文にどんな様子や心情が表されているか話し合う。 ○読み深めた感想を書く ・登場人物の関わりや人物像から考えたこと，自分の体験に照らして気付いたことなどをまとめる。 ※特に主人公は他の人物との関わりによって大きな影響を受けることが多くある。どのように関わっているかを考えながら読むことで，人物の変化や生き方・考え方がよく分かり，物語をより深く味わうことができる。 【雪わたり】 ◎表現のおもしろさを味わう ○感想を発表する ・読んでおもしろいと思ったところ，表現が工夫されていると感じたところを発表する ○表現を味わう ○作品を読み深める

						○作品を推薦する文章を書く ・賢治の他の作品を読み，好きな作品を推薦する文章を書く。次の観点から気に入った点とその理由を述べる。 →表現の工夫 →物語の構成 →作品から伝わること →他作品との比較 ※情景描写，比喩，擬声語・擬態語，くり返しなどは，物語の世界を生き生きと描くために大切な表現 <用語> 心情の変化 朗読 描写

　三省堂は，平成23年度より小学校国語の教科書を出版している。2年生から「国語学習のための用語集」として学習用語を提示している。2年の「会話」，3年の「語り手」などは，他社から比べると早い段階での提示であり，高度であるといえる。

表2-2-10　三省堂版教科書から読み取れる文学的文章の構造と内容の把握／精査・解釈に関する知識・技能

低学年		中学年		高学年	
1年	2年	3年	4年	5年	6年
・おもしろかったところ ・お話 ・人物 ・せりふ ・主人公 ・気持ち	・行動 ・登場人物 ・読み深める ・会話 ・場面	・想像する ・中心人物 ・語り手	・色や匂いを表す言葉 ・移り変わり ・変化 ・人物像 ・考え方 ・情景	・表現 ・味わう ・音を表す言葉 ・比喩 ・記号（！や…など）	・始め・終わり ・きっかけ ・読み取ったこと ・受け取った思い（物語

第2章　学習指導要領と教科書が要求する知識・技能　63

				・描写 ・心情	から) ・捉える ・経験に重なる ・文脈 ・人物の関わり ・生き方・考え方（人物の) ・作品 ・読み深める ・擬声語・擬態語 ・物語の世界
・昔話 ・様子 ・思い浮かべる					

　以上，第2節では教科書会社5社の学習の手引きと学習用語を見てきたわけだが，5社に共通していえることは，物語文を用いた学習では，どうしても「場面の様子」「人物の心情」の読み取りが中心になるということである。それは一概にマンネリであると否定されるべきものではなく，繰り返し学び，螺旋的に様子や心情を読み取る力を付けていくということなのだろう。

　一方で，各社の相違点や工夫，重点もまた見えた。抽出した知識・技能的要素も学習指導要領の指導事項から抽出したものよりは少し具体的になった。教科書は指導事項レベルの知識・技能を確実に具体化している。それゆえ，教科書会社各社の工夫や主張をバランスよく児童の実態に応じて取捨選択し教えていけば，児童は新しい知識・技能を獲得する喜びを得られるだろう。

　ただ，それでもやや不満が残る。6年間，合計何十時間もかけて指導する物語単元において，教えるべき知識・技能はこれだけなのか。児童の実態を考えたとき，まだ足りない気はする。もっと子供たちは吸収できるし，吸収したいと欲しているのではないか。そうでなければ，児童は何時間も授業時間を使ってまで物語教材を読む意義を見出せまい。

　そこで，次の第3章では，先行実践や研究において系統化を試みられた知識・技能，あるいは学習用語について見ていき，学習指導要領や教科書の範囲にとどまらない知識・技能の可能性を探っていきたい。

第3章
先行実践・研究における知識・技能の系統化の試み

　物語（文学的文章）の読みに関する知識・技能の具体を，明確にあるいは系統的に示した実践や研究は決して多いとはいえない。本章では，本書を進めていく中で出会い，参考にすることができたいくつかの先行実践・研究を基に，2章に引き続いて知識・技能的要素を抽出していく。

　参考にした実践・研究は以下のとおりである。

1　輿水実「国語学力の学年基準」
2　藤井圀彦「批評学習における『用語』の学年配当（試案）」
3　「横浜・国語教育を創造する会」の系統表
4　浜本純逸「学習用語の系統」
5　『横浜版学習指導要領　国語科編』が示す知識・技能
6　片山守道（東京学芸大附属小）「『読むこと』基本学習用語系統表（試案）」
7　大西忠治「科学的『読み』の授業研究会」
8　西郷竹彦「文芸学理論」
9　鶴田清司「作品分析法」
10　白石範孝編著「読みの力を育てる用語」

　1～6の資料は発行年の古い順に示した。7以降の資料は1～6年の系統が示されていないので，1～6とは区別化を図る意味もあり，最後のほうに示している。なお，2，4，6に関しては用語レベルにまで具体化されているので，敢えて要素の抽出は行わず，系統表そのままの形で参考資料としたい。

　7～10は，学習用語レベルにまで具体化されてはいるものの，どの用語をどの学年で教えるか系統化されていない。したがって，全学年（7は3～6年）に関わる用語として扱うこととする。

1 輿水実「国語学力の学年基準」[8]

　輿水の「国語学力の学年基準」は，「基本的技能の系統」（傍線部：熊谷）と謳っているだけあって，具体的技能に踏み込んだ表現となっている。また，「技能」とはいいながらも「文脈」「筋」など，技能の基となる「知識」にも言及しており，知識・技能の明確化・系統化においては貴重な基礎資料といえる。

　輿水の「基本的技能の系統」は
　1　基礎的読解技能の系統
　2　思想読解技能の系統
　3　文学鑑賞技能の系統
　4　読書技能の系統
の四つからなるが，このうち2は，説明的文章に関わるものといえるので，本書では4のみを取り上げている。さらに，1，3，4の中から物語教材の読解に関わる知識・技能を取り出した。

表3-1-1　輿水実　「国語学力の学年基準　基本的技能の系統」

	低学年	中学年	高学年
輿水実　国語学力の学年基準	1　基礎的読解技能の系統 （1）語句読解の技能 ・単語と絵との一致（語形認知，単語の意識） ・類語，反対語の識別 ・適切な使用 （2）文脈の技能 ・文の順序づけの初歩的なもの	1　基礎的読解技能の系統 （1）語句読解の技能 ・語構成 ・読み違いをしそうな文脈の中での正しい読み （2）文脈の技能 ・文脈からの語句の推定，接続語，指示語の技能の初歩	1　基礎的読解技能の系統 （1）語句読解の技能 ・新語攻略の技能 ・辞書技能の初歩 （2）文脈の技能 ・接続語，指示語の技能 ・語句のかかりうけ，文図の構

8　輿水実著『国語科教育学大系6　国語科学力診断』明治図書（1977）より。この著書の中で輿水は，基本的技能の系統として「1　基礎的読解技能の系統」「2　思想読解技能の系統」「3　文学鑑賞技能の系統」「4　読書技能の系統」を挙げているが，このうち2は，説明的文章に関わるものといえるので，今回は特に1，3，4を取り上げた。

基本的技能の系統			成の技能
	（3）正確に読む技能 ・だれが何をしたかをはっきりと読み取る技能 ・文章の終わりまで注意して読む技能	（3）正確に読む技能 ・終わりまで注意して読む技能 ・抜かし読み，飛ばし読みをしない技能（だれが何と何をしたか，だれとだれが出てくるかなど）	（3）正確に読む技能 ・抜かし読み，飛ばし読みをしない技能（助詞，助動詞，接続詞などを見落とさない技能） ・叙述を正確に読み取る技能
	（4）読速の技能 ・内容を考えて読む技能 ・題目や小見出しに注意する技能 ・文章が事項的にいくつのことについて書いてあるかとらえる技能	（4）読速の技能 ・題目や小見出しに注意する技能 ・文章が事項的にいくつのことについて書いてあるかとらえる技能 ・急いで読んで行く技能の初歩	（4）読速の技能 ・急いで読んで行く技能 ・少しは分からないところがあっても読み進めて，文脈や中心思想に注意を向けて行く技能
	（5）音読の技能 ・声よりも目を先にする技能 ・はっきりした声を出す技能 ・正しく発音する技能 ・意味の切れ目で切って読む技能 ・点や丸に注意して読む技能の初歩 ・会話の文と地の文を変えて読む技能の初歩	（5）音読の技能 ・意味の切れ目で切って読む技能 ・点や丸に注意して読む技能 ・会話の文と地の文を変えて読む技能	（5）音読の技能 ・読み癖のない，自然な読みをする技能 ・聞いている人によく分かるように読む技能
	3　文学鑑賞技能の系統 （1）話の筋をとらえる技能 ・順序の誤りを訂正する技能 ・順序を示す言葉に注意する技能	3　文学鑑賞技能の系統 （1）話の筋をとらえる技能 ・どれか一つ途中の事件が抜けているのを補充する技能 ・ばらばらに出ている出来事を一つのまとまった話に順序づける技能	3　文学鑑賞技能の系統 （1）話の筋をとらえる技能 ・事件の最後の展開を予測する技能 ・ある物語についてその話の前やそれからあとの話を作り出す技能
	（2）想像を加えて読む技能 ・その人物がどんな人だったか想像する技能 ・その時，その人はどういうつもりであったかを想像する技能 ・その場面や情景を想像する技能	（2）想像を加えて読む技能 ・その人物がどんな人だったか想像する技能 ・その時，その人はどういうつもりであったかを想像する技能 ・その場面や情景を想像する技能 ・読んだことについて自分の持った感想をまとめる技能	（2）想像を加えて読む技能 ・その人物がどんな人だったか想像する技能 ・その時，その人はどういうつもりであったかを想像する技能 ・その場面や情景を想像する技能 ・読んだことについて自分の持った感想をまとめる技能

第3章　先行実践・研究における知識・技能の系統化の試み　67

	低学年	中学年	高学年
			・自分だったらどうするか想像する技能
	（3）好きなところ・おもしろいところを見出す技能 ・擬声語・擬態語などのおもしろいことばに気づく技能 ・登場しているおもしろい人物に気づく技能	（3）好きなところ・おもしろいところを見出す技能 ・美しい場面や行動に気づく技能 ・自分の経験したことや考えていることが書かれているのに気づく技能 ・事件のクライマックスに気づく技能	（3）好きなところ・おもしろいところを見出す技能 ・美しい場面や行動に気づく技能 ・自分の経験したことや考えていることが書かれているのに気づく技能 ・事件のクライマックスに気づく技能
	（4）主題をとらえる技能 ・寓話などから，その教えを読み取る技能 ・詩などの持つ全体の気分，情調をとらえる技能	（4）主題をとらえる技能 ・詩などの持つ全体の気分，情調をとらえる技能 ・作者がその作品を通して言おうとしていることをとらえる技能	（4）主題をとらえる技能 ・作者がその作品を通して言おうとしていることをとらえる技能 ・その作品の話題・題材と，それに対して作者が持っている態度とを区別してとらえる技能 ・一般にその作品から学び取れるもの（文章含蓄）に気づく技能
	（5）表現を読み味わう技能 ・適切なことばの使い方に気がつく技能 ・ことばの内的なリズムに気がつく技能—リズムのある表現とそうでない表現とを区別できる技能	（5）表現を読み味わう技能 ・表現の好きなところ，おもしろいところを指摘できる技能 ・朗読の技能	（5）表現を読み味わう技能 ・朗読の技能 ・比喩を認知し解釈する技能
	4　読書技能の系統 （1）読み物選択の技能 ・自分の程度に合った本を探し出す技能 ・自分の目的に合った内容の本を探し出す技能	4　読書技能の系統 （1）読み物選択の技能 ・自分の程度に合った本を探し出す技能 ・自分の目的に合った内容の本を探し出す技能 ・著者，発行者，題名などから，どちらのほうが信頼できる本であるかを判定する技能	4　読書技能の系統 （1）読み物選択の技能 ・自分の目的に合った内容の本を探し出す技能 ・著者，発行者，題名などから，どちらのほうが信頼できる本であるかを判定する技能 ・序文と目次と内容をぱらぱらと見ることによって，その書物の内容を想像する技能

（2）目的と材料にあわせて読む技能	（2）目的と材料にあわせて読む技能	（2）目的と材料にあわせて読む技能
・はじめに読みの質問が出ていて，その質問に答えるだけの読みをする技能	・はじめに読みの質問が出ていて，その質問に答えるだけの読みをする技能	・はじめに読みの質問が出ていて，その質問に答えるだけの読みをする技能
・教材の難易によって読みの仕方を変える技能	・教材の難易によって読みの仕方を変える技能	・教材の難易によって読みの仕方を変える技能
・教材の性格によって音読中心か黙読中心かを決める技能	・教材の性格によって音読中心か黙読中心かを決める技能	・教材の性格によって音読中心か黙読中心かを決める技能
	・教材の形態のちがいによって読み取りの重点を変える技能	・教材の形態のちがいによって読み取りの重点を変える技能
		・読みの目的・目標の相違によって，読みの速度や方法を変える技能
（3）ノート取りおよびアンダーラインの技能	（3）ノート取りおよびアンダーラインの技能	（3）ノート取りおよびアンダーラインの技能
・キーワードに傍線をつける技能	・キーワードに傍線をつける技能	・要点（段落の話題文）に傍線をつける技能
・文章の大事なところや気に入ったところをノートに取る技能	・文章の大事なところや気に入ったところをノートに取る技能	・必要な細部について傍線をつける技能
・読みの質問について，関連のある大事なところに傍線をつける技能	・読みの質問について，関連のある大事なところに傍線をつける技能	・自分の読みの目的にとって大事なところに傍線をつける技能
	・要点（段落の話題文）に傍線をつける技能	
（4）読み取ったことを組織する技能	（4）読み取ったことを組織する技能	（4）読み取ったことを組織する技能
・書かれている事件を順序よくならべる技能	・書かれている事件を順序よくならべる技能	・書かれている事件を順序よくならべる技能
・ある事項や人物についての情報をいっしょにする技能	・ある事項や人物についての情報をいっしょにする技能	・ある事項や人物についての情報をいっしょにする技能
	・書かれていることについて，読み手としてどこにどのように反応すべきであるかをきめる技能─感想・批評の技能	・書かれていることについて，読み手としてどこにどのように反応すべきであるかをきめる技能─感想・批評の技能
		・文章のアウトライン（項目表）を作る技能
		・段落や文章を要約し，自分のことばでセンテンスを書く技能
（5）読書報告の技能	（5）　読書報告の技能	（5）読書報告の技能
・物語などの主人公に焦点をあててストーリーをみじかくま	・物語などの主人公に焦点をあててストーリーをみじかくま	・自分の感想をはっきりまとめる技能

第3章　先行実践・研究における知識・技能の系統化の試み　69

低学年	中学年	高学年
とめる技能 ・その作品や文章の基本的な性格を一口で言える技能	とめる技能 ・その作品や文章の基本的な性格を一口で言える技能 ・自分の感想をはっきりまとめる技能	・文章や作品の内容項目を作る技能 ・文章や作品のまとめを作る技能

輿水実著『国語科教育学大系6　国語科学力診断』明治図書（1977）

　輿水の示した技能の系統は，低・中・高学年の段階によって違う性質の技能が示されているわけではない。6年間で育てる技能を同じ項目（文言）で示し，発達段階が上がるたびに少しずつ技能の中の具体が増えていく構成になっている。たとえば「3　文学鑑賞技能の系統」の中の「（2）想像を加えて読む技能」では「その人物がどんな人だったか想像する技能」「その時，その人はどういうつもりであったかを想像する技能」「その場面や情景を想像する技能」は，6年間変わらぬ技能項目である。この三つに加え，中学年では「読んだことについて自分の持った感想をまとめる技能」が，高学年ではさらに「自分だったらどうするか想像する技能」が加わっている。

　ということは，たとえば6年間変わらない表現となっている「その人物がどんな人だったか想像する技能」に関していえば，低学年の想像する技能と高学年の想像する技能ではどう違うのか，分析が必要になってくる。

表3-1-2　「輿水実　国語学力の学年基準　基本的技能の系統」から抽出した物語の読解に関する知識・技能の要素

低学年		中学年		高学年	
1年	2年	3年	4年	5年	6年
・文脈 ・だれが（人物） ・何をした（行動） ・内容 ・題目 ・会話文 ・地の文 ・筋 ・順序		・事件 ・出来事 ・美しい場面や行動 ・経験 ・考え ・クライマックス ・作者が作品を通して言おうとしていること ・批評		・中心思想 ・展開予測 ・話の前 ・続き話 ・自分との比較 ・話題・題材 ・作者の態度 ・文章含蓄 ・比喩	

・想像する		・認知
・どんな人		・解釈
・時		
・どんなつもりだったか（思い）		
・場面		
・情景		
・好きなところ		
・おもしろいところ		
・擬声語・擬態語		
・主題		
・全体の気分・情調		
・表現		
・読み味わう		
・リズム		
・キーワード		
・物語		
・主人公		
・焦点		
・ストーリーを短くまとめる		
・作品や文章の基本的性格		

　６年間で共通の技能項目でくくっていることもあって，用語が初出となる低学年で要素が多く抽出されることとなった。これらの知識・技能を学習用語化するにあたっては，発達段階に応じた「用語の平易化」が必要であろう。

2　藤井圀彦「批評学習における『用語』の学年配当（試案）」[9]

　藤井圀彦は，「『分析批評』の授業」『教育科学　国語教育別冊』明治図書（1991．5）の中で「批評学習における『用語』の学年配当（試案）」を示した。藤井は，自身の実践研究成果から，

　　・「目標体系を基にした指導用語」
　　・「言語経験の系列」

---

[9]　藤井圀彦著「『分析の技術』の発展系統を提案する」『教育科学　国語教育別冊』明治図書（1991．5）より。あくまでこの案は試案であり，藤井自身も「いくつかの基礎資料があったとはいえ，この段階では多分に直感的，恣意的である。」と述べている。

・「学習指導要領（当時：平成元年版）から抜き出した指導に関する『用語』」
を示し，これらを踏まえたうえでこの試案を示した。

表3-2-1　藤井圀彦　「批評学習における『用語』の学年配当（試案）」

※藤井は本試案について次のような補足説明をしている。
　○「用語」の初出の学年を示した。したがって，以後の学年では，反復使用しながら，しだいに本格的な
　　技術として身につけていくことになる。
　○「用語」を用いることには無理があるが，レディネスを作るために，あらかじめ指導が必要と思われる
　　ものは（　）の内に示した。この場合，適当だと思われる言い方を示した。
　○同意語，関連語，下位概念語は適当に別記しておいた。

	低学年		中学年		高学年	
	1年	2年	3年	4年	5年	6年
藤井圀彦　批評学習における「用語」の学年配当（試案）	①人物（だれ，どんな人，○○さん） ②時（いつ） ③所（どこ） ④文題（だい，おはなしのだい） ⑤イメージ語（何度も使われている言葉） ⑥作者（話をつくった人） ※ほかに「さし絵」「文」「文章」「お話」	⑦あらすじ ⑧エピソード（小さな話） ⑨組み立て（小さな話の並びぐあい） ⑩イメージ語（色，形，音を表す言葉） ⑪話主（語り手） ⑫視点（見ている人，見ている場所） ⑬対比（反対の意味の言葉，並べていう言葉） ⑭連 ⑮比喩（たとえ，○○のように）	⑯中心人物（主人公） ⑰対役 ⑱エピソード，エピソード調べ ⑲設定（時，所，人物，設定調べ） ⑳話主，話者 ㉑視点（眼，誰の眼） ㉒対比（くらべられる言葉） ㉓リフレイン（くり返し）	㉔主題（ひとことで言うと何が書かれているか。訴えかけているもの） ㉕筋立て，プロット，構成 ㉖冒頭－展開－結末 ㉗クライマックス，ピナクル ㉘イメージ語（感じる，味，におい） ㉙対比，類比	㉚主題，主想，主材，主想語 ㉛題材，素材 ㉜視点（客観視点，限定視点，全知視点） ㉝イメージ語 ㉞象徴 ㉟暗示 ㊱伏線 ㊲批評，批評の文	㊳作型，モード ㊴一義イメージ語，多義イメージ語 ㊵イメジャリー 　○寓喩 　○暗喩 ㊶作調 　○風刺 　○喜・悲劇 　○アイロニカル ㊷分析批評

藤井圀彦著「『分析の技術』の発展系統を提案する」『教育科学　国語教育別冊』明治図書（1991．5）

この系統表を示すにあたり，藤井は次のように述べている。

　　私の立場は，望月善次氏の『「分析批評」の定義』に従えば「小西型分析批
評」を源流とする「井関型分析批評」に学び，その方法を小学校の文学作品
を教材とした読解指導に応用し，試行したものである。したがって，小学校
での「作品分析方法」としての「分析批評」の試行であるといってよい。
（藤井圀彦『『分析の技術』の発展系統を提案する』『教育科学　国語教育別冊』明治図書，1991．5）

つまり藤井は，「分析批評」に価値を見出し，授業で「分析批評」を読解指導に応用するため試案を示したということである。したがって，示された用語群からは「分析批評」ならではの特徴・個性が感じられるため，「分析批評」を知らない教員にとっては馴染みにくい用語群といわざるを得ない。（ただし，同じ「分析批評」であっても，用語の学年配当などは特にしていない向山洋一をはじめとした「法則化分析批評」とは一線を画している，ということは窺える。）したがって，学習用語として現場への一般化・浸透化を図るためには，より馴染みやすい用語への「言い換え」が求められよう。

　藤井は補足として次のようにも述べている。

　　私は，作品批評の「ものさし」としての「用語」を，作品と切り離して先に教えるという立場をとらない。「ものさし」を持たしておけば，いつでも使えるという考えは短絡的である。この方法では，「用語」の意味や活用法を理解しなければ，文学の鑑賞・批評はできないことになる。例えば，作者と話者の概念が，どうしても分離できない子どもは，そこでつまずいてしまう。それを無理に教えこもうとすると，読書ぎらい，「国語」ぎらいの子どもになってしまう。

　　したがって，用語指導は，あくまで，個々の児童の作品の自由な読みの過程で，帰納的に身につけさせることが大切なのである。

（同上）

　こうした立場というのは，児童を実際に目の前にした「現場感覚」に近いものといえ，大いに頷けるものである。はじめから用語ありきで用語が「目的」になるのではなく，あくまで読解をより楽しく円滑にするための，「手段」としての用語でなくてはならない。

3 「横浜・国語教育を創造する会」の系統表[10]

　「横浜・国語教育を創造する会」は，横浜市公立小学校教員の中の有志で結成された研究団体である。以下に示す試案は，会が1999年に発刊した『「想像・主題・感想」が分かり，すすんで学ぶ　確かな読みの力を育てる実践事例集』明治図書（1999）からのものである。この試案は，平成元年版学習指導要領の指導事項をもとに，能力・技能を分類している。

　能力・技能を具体化・系統化しているところが特徴ゆえに，知識的要素よりも，むしろ技能的要素のほうが浮き出てくるが，能力・技能の発達段階に応じた違いを見ていくことで知識の要素を抽出することができよう。

表3-3-1　「横浜・国語教育を創造する会」の系統表

	低学年		中学年		高学年	
	1年	2年	3年	4年	5年	6年
横浜・国語教育を創造する会	【想像する力・味わう力】〇場面の様子を想像しながら読む。(1) どんなところのどんな様子か思い浮かべる。＜情景　場面（時・所）＞	【想像する力・味わう力】〇人物の気持ちや場面の様子を想像しながら読む。(1) 時や場所を修飾語に注意して思い浮かべる。＜情景　場面（時・所）＞	【想像する力・味わう力】〇人物の性格や場面の情景を想像しながら読む。(1) 場面の中で様子の分かる語句・文に注意してその情景を思い浮かべる。＜情景　場面（時・所）＞	【想像する力・味わう力】〇人物の気持ちの変化や場面の移り変わりを想像しながら読む。(1) 場面の中の情景描写の優れている箇所を選び，人物の心情と合わせて情景を思い描く。＜情景　場面（時・所）＞	【想像する力・味わう力】〇人物の気持ちや場面の情景の叙述や描写を味わいながら読む。(1) 擬人化・擬声語・比喩など情景描写の優れている箇所を視写したり朗読したりして，その情景を思い描く。＜情景　場面（時・所）＞	【想像する力・味わう力】〇優れた描写や叙述を味わいながら読む。(1) 登場人物の交流や文体から場面や作品の雰囲気を朗読して味わう。＜情景　場面（時・所）＞
	(2) 人物のしたことを思い浮かべる。＜心情	(2) 人物の言動が分かる語句に注意して，そ	(2) 場面の展開に沿って人物の気持ちの移り	(2) 場面の情景と人物の行動・会話とを合	(2) 場面の情景と人物の心の動き・行動とを	(2) 背景や情景から，人物の行動・心情をと

---

[10]　本堂寛監修　横浜・国語教育を創造する会編集『「想像・主題・感想」が分かり，すすんで学ぶ　確かな読みの力を育てる実践事例集』明治図書（1999）より。なお本書で示されている系統表（試案）は大川福枝氏によるものである。また，この試案は平成元年版学習指導要領をもとに作られている。

行動　気持ち＞	の時の気持ちを思い浮かべる。＜心情　行動　気持ち＞	変わりを，根拠となる表現を見付けて想像する。＜心情　行動　気持ち＞	わせて，心情の変化を想像する。＜心情　行動　気持ち＞	結び付けて考え，視写したり朗読したりして表現を味わう。＜心情　行動　気持ち＞	らえ，視写，朗読をして，巧みな表現を味わう。＜心情　行動　気持ち＞
（3）人物の言動から，どのような人か思い浮かべる。＜性格　思想　人柄＞	（3）人物の言動や気持ちを表す表現から，どのような人か思い浮かべる。＜性格　思想　人柄＞	（3）人物の言動・気持ちから性格や人柄をとらえる。＜性格　思想　人柄＞	（3）人物の言動・気持ち・考え方をもとに人物の性格・人柄をとらえる。＜性格　思想　人柄＞	（3）人物の生き方と時代背景を結び付けて考える。＜性格　思想　人柄＞	（3）抽象語，比喩などの効果的表現を味わいながら人物の生き方と背景や情景を結び付けて考える。＜性格　思想　人柄＞
【内容を理解する力（主題をとらえる力）】	【内容を理解する力（主題をとらえる力）】	【内容を理解する力（主題をとらえる力）】	【内容を理解する力（主題をとらえる力）】	【内容を理解する力（主題をとらえる力）】	【内容を理解する力（主題をとらえる力）】
○文章の内容の大体を読み取る。	○時間的な順序，場面の移り変わり，事柄の順序などを考えながら内容を読み取る。	○文章の要点を正しく理解しながら，内容を読み取る。	○段落相互の関係を考えて文章の中心的な事柄を読み取る。	○文章の主題や要旨を考えながら内容を読み取る。	○目的や文章種類や形態などに応じて，内容を読み取る。
（1）題名に興味を持つ。＜題名＞	（1）題名から，物語のイメージを広げる。＜題名＞	（1）題名と中心的な事柄とを比べて考える。＜題名＞	（1）題名のついたわけを考える。＜題名＞	（1）題名のついたわけを考え主題をとらえる。＜題名＞	（1）作品の題名や象徴するものを通して主題の意味をとらえる。＜題名＞
（2）好きなところ，おもしろいところを見付ける。＜中心＞	（2）わけをつけて，好きなところ，おもしろいところを見付ける。＜中心＞	（2）心に強く残ったことのわけが分かる。＜中心＞	（2）情景描写・中心が書かれている場面から主題をとらえる。＜中心＞	（2）筋の展開，人物の行動や気持ちから主題をとらえる。＜中心＞	（2）登場人物の考え方・生き方を読み取り，作品の主題を読み取る。＜中心＞
（3）お話の順序が分かる。＜書き手の見方・考え方＞	（3）主人公のしたことが分かる。＜書き手の見方・考え方＞	（3）お話の大事な事柄が分かる。＜書き手の見方・考え方＞	（3）作品が考えさせようとしていることは何かをつかむ。＜書き手の見方・考え方＞	（3）話題をめぐって，主題の背後に流れている書き手のものの見方・考え方をとらえる。＜書き手の見方・考え方＞	（3）作品から考えさせられたことと，自分を取り巻く社会の在り方を結び付けて考え，主題の意味をとらえる。＜書き手の見方・考え方＞
【感想・意見をもつ力】	【感想・意見をもつ力】	【感想・意見をもつ力】	【感想・意見をもつ力】	【感想・意見をもつ力】	【感想・意見をもつ力】
○聞いたり読んだりした内容に	○聞いたり読んだりした内容に	○聞いたり読んだりした内容に	○聞いたり読んだりした内容に	○話し手のものの見	○話し手や聞き手のものの見

第3章　先行実践・研究における知識・技能の系統化の試み　75

	低学年		中学年		高学年	
	1年	2年	3年	4年	5年	6年
	ついて感想をもつ。	ついて感想をまとめる。	ついて感想をまとめたり，自分ならどうするかなどを考える。	ついて，一人一人の感じ方に違いのあることに気付く。	方，考え方，感じ方などについて理解する。	方，考え方，感じ方などについて自分の考えをはっきりさせながら理解する。
	（1）好きなところを見つけて感想をもつ。	（1）自分の感想と友達の感想を比べる。	（1）自分の感想と友達の感想とを比べて，同じところや違うところを考える。	（1）友達の感想を聞いて，自分の感想を深める。	（1）書き手が言おうとしている中心的なものの見方・考え方と自分の生活や生き方とを比べる。	（1）登場人物や書き手の生き方・考え方について自分の感じたこと，考えたことをまとめる。
	（2）登場人物について言いたいことを見つける。	（2）おもしろいところ，心に残ったことについて感想をもつ。	（2）自分の経験と比べたり，自分ならどうするかを考えたりして感想をもつ。	（2）人物の行動や，心の動き，性格について感想をもつ。	（2）読み取ったものをもとに，自分の感じ方・考え方がどう変わったかを確かめる。	（2）読み取ったものをもとに感想を深め，自分の感じ方・考え方が変わったわけが分かる。

本堂寛監修　横浜・国語教育を創造する会編集『「想像・主題・感想」が分かり，すすんで学ぶ　確かな読みの力を育てる実践事例集』明治図書（1999）

　各能力・技能の項目を見ていくと，一つ一つが学年と共に高度になっているのが分かる。学年による違いも全体的に分かりやすい。しかし，同じようなことを違う言葉で表現しているようなところもある。たとえば「主題」「作品が考えさせようとしていること」「主題の背後に流れている書き手のものの見方・考え方」は，それぞれの違いがいま一つ分かりにくい。大きく「主題」ということでまとめても差し障りはないと考えられる。

　なお【感想・意見をもつ力】に関しては，ここでは取り上げないでおく。

表3-3-2　「横浜・国語教育を創造する会」の系統表から抽出した物語の読解に関する知識・技能の要素

	低学年		中学年		高学年	
	1年	2年	3年	4年	5年	6年
	・ところ ・様子 ・思い浮かべる	・時 ・場所 ・修飾語 ・気持ち	・場面 ・情景 ・場面の展開 ・気持ちの移	・情景描写 ・優れている箇所 ・心情	・擬人化 ・擬声語 ・比喩 ・視写する	・交流 ・文体 ・雰囲気 ・背景

76

・したこと ・言動 ・どのような人か ・題名 ・好きなところ ・おもしろいところ ・順序	・表現 ・物語のイメージ ・わけ ・主人公	・り変わり ・根拠 ・想像する ・性格 ・人柄 ・中心的な事柄 ・大事な事柄	・行動 ・会話 ・心情の変化 ・考え方 ・題名のわけ ・主題 ・作品が考えさせようとしていること	・心の動き ・生き方 ・時代背景 ・筋の展開 ・書き手のものの見方・考え方	・巧みな表現 ・抽象語 ・効果的表現 ・象徴

4 浜本純逸「学習用語の系統」[11]

　浜本が示した用語の系統は，児童に示す（覚えさせる）形で用語を示している。

　用語数は６年間で31と少ないが，用語の質は現場感覚からいうと高度であり，特に中・高学年の用語配当を見ると，難解である印象を拭いきれない。中学年で「変換点」「対比」「擬人化」，高学年で「典型」「伏線」は難解であり，なかなか現場の教員は受け入れられないのではないか。

　難解であるにしても，敢えてこうした用語（知識・技能）を教えていこうという前衛的姿勢なのか，それとも一般の教員たちが持つ現場感覚と浜本の感覚が乖離しており，結果として前衛的になったのか，興味深いところではある。

　また，浜本はいわゆる「分析批評」のグループではないが，示されたような語群を見ると，一般的な「心情（気持ち）」「様子」「会話」「地の文」といった用語は出てこず，表現を「分析」したり「批評」したりするための用語が多い傾向にあるといえる。

　いずれにしても，本書では，浜本案に関しては，低学年の配当は妥当，中・高学年ではやや難解・高度，という判断で見ていきたいと考える。

---

[11] 浜本純逸著『文学教育の歩みと理論』東洋館出版社（2001）

表3-4-1 『文学教育の歩みと理論』「文学の学習用語」

1年　　2年	3年　　4年	5年　　6年
・場面（時・ところ） ・くり返し ・変わる ・人物 ・主人公 ・音まね言葉（擬音語） ・たとえ ・事件（できごと）	・対比 ・語り手 ・視点 ・反復 ・変化 ・擬態語 ・比喩 ・擬人化 ・色彩語 ・描写 ・省略 ・想像 ・変換点 ・関連づけ ・意味づけ	・倒置法 ・暗示 ・象徴 ・典型 ・イメージ ・伏線 ・ユーモア ・余情

浜本純逸著『文学教育の歩みと理論』東洋館出版社（2001）

5 『横浜版学習指導要領 国語科編』[12]が示す知識・技能

　横浜市教育委員会が2009年に作成したのが『横浜版学習指導要領 国語科編』である。

　横浜版学習指導要領国語科編では，身に付ける能力を3領域1事項の四つの系統表に表した。そして，この系統表の中に「文学的文章の解釈」に関する知識・技能の項が含まれている。その項を抜き出したものが以下の表である。

表3-5-1 『横浜版学習指導要領 国語科編』 読むこと 知識・技能の系統

	低学年		中学年		高学年	
	1年	2年	3年	4年	5年	6年
横浜版学習指導	○登場人物の行動から，各場面の様子を想像しながら読む。	○登場人物の行動の変化や各場面の様子の変化をとらえ，その様	○各場面の様子に気を付けながら，場面と場面を関係付けて読む。	○地の文や行動，会話などから，登場人物の性格や境遇，状況を把	○登場人物の相互関係や心情，情景などの描写から，人物像やその	○象徴性や暗示性の高い表現や内容，メッセージや題材を強く意識

[12] 横浜市教育委員会事務局編集『横浜版学習指導要領 国語科編』ぎょうせい（2009．3）

要領 読むことの知識・技能 文学的な文章の解釈					
	子について想像しながら読む。		握し，場面や情景の移り変わりとともに変化する気持ちを関連させながら想像して読む。	役割，及びその内面にある深い心情をとらえ，自分の考えをもつ。	させる表現や内容などを評価し，自分の表現に役立てる。
○物語の基本構造（時間や場所など場面設定，中心人物（主人公），対人物などの登場人物の行動，出来事等を読む。	○情景の変化，登場人物の気持ちの変化，事件の展開と解決などを読む。	○登場人物の行動や会話に即して，性格や気持ちの変化，人物同士の関係性を想像して読む。			

横浜市教育委員会事務局編集『横浜版学習指導要領　国語科編』ぎょうせい（2009）

　全部で九つの知識・技能が示されているが，「知識」と謳っているだけあり，積極的に知識としての用語がそれぞれの文言に織り込まれているのが分かる。

　第1学年の「対人物」などは，現状では多くの教員にとってなかなか耳慣れない知識（用語）といえるだろう。（後で出てくる白石範孝らのグループは用語として使用している。）しかし，民間研究団体ではない横浜市教育委員会が，こうした決して普及度が高いとはいえない知識をも使用しているところに，前衛的・革新的な姿勢を感じる。

　それでも「横浜版」とはいえ「学習指導要領」である。ということは，この系統表の基になっているのは文科省「学習指導要領解説　国語科編」になる。したがって，内容的には全国的なスタンダードから距離を置いたものではなく，同様のものであるといえる。

表3-5-2　『横浜版学習指導要領　国語科編』から抽出した物語の読解に関する知識・技能の要素

低学年		中学年		高学年	
1年	2年	3年	4年	5年	6年
・登場人物 ・行動 ・場面の様子	・行動の変化 ・様子の変化 ・想像する	・行動 ・会話 ・性格	・地の文 ・人物の境遇，状況	・人物の相互関係 ・心情描写	・象徴性 ・暗示性 ・表現

第3章　先行実践・研究における知識・技能の系統化の試み　79

・基本構造 ・場面設定 ・時間 ・場所 ・中心人物 ・主人公 ・対人物 ・出来事	・情景の変化 ・気持ちの変化 ・事件 ・展開 ・解決	・人物同士の関係性	・情景の移り変わり	・情景描写 ・人物像 ・人物の役割	・内容 ・メッセージ ・題材

6 片山守道（東京学芸大附属小）「『読むこと』基本学習用語系統表（試案）」[13]

片山守道は「『読むこと』の学習用語に関する研究」（2009.10）の中で，教科書の学習用語と教員への意識調査をもとに試案を示している。（なお，下に示した表は便宜上，縦軸の系列と横軸の系列を入れ替えて示している。片山が示した系統表は学年を縦の軸に，用語の分類項目を横の軸にしている。）

表3-6-1　片山守道（東京学芸大附属小）「『読むこと』基本学習用語系統表（試案）」

	低学年		中学年		高学年	
	前半期	後半期	前半期	後半期	前半期	後半期
文種／立場	・作者	・詩 ・物語	・説明文 ・作品 ・読者	・筆者	・伝記 ・ファンタジー	・ノンフィクション
読みの観点	・題名	・順序	・中心 ・段落	・キーワード	・題材　・根拠 ・視点 ・叙述　・文脈 ・行間　・冒頭	・対比 ・背景 ・時代背景
文学	・人物	・場面 ・登場人物 ・主人公	・出来事 ・語り手 ・中心人物 ・事件	・話者	・心情　・情景 ・描写　・主題 ・エピソード ・クライマックス ・変容	・人物像 ・伏線 ・象徴
説明文			・話題	・要点	・要旨　・意図	・要約 ・序論・本論・結論 ・論理
活動	・音読 ・感想		・暗唱	・小見出し ・語り	・朗読　・鑑賞	・批評

---

[13]　https://ci.nii.ac.jp/naid/110007593029/

| 構造 | | ・すじ | ・組み立て
・あらすじ | ・構成
・筋道 | ・設定　・構造
・起承転結 | |
| 表現技法 | | | ・会話文・地の文 | | ・擬人法
・文末表現
・文体 | ・倒置法
・色彩表現 |

片山守道著「『読むこと』の学習用語に関する研究」『全国大学国語教育学会発表要旨集』(2009.10)
※太字はＡ候補群（その学年で，あるいはその学年までに学習用語として指導すべき語）。
　上記以外はＢ候補群（学習用語として指導するならば，その学年がふさわしいと考えられる語）。

　片山試案の注目すべき特徴は以下の３点である。

①現場の教員の意識や感覚を調査し，試案に反映させたこと

②意識調査に際しては，先行研究や様々な理論研究及び教科書の学習用語の分析から107語を調査対象語としたこと

③Ａ候補の語（その学年で，あるいはそれまでに学習用語として指導すべき語）とＢ候補の語（学習用語として指導するならば，その学年がふさわしいと考えられる語）に分けていること

　特に①の「現場の教員の意識や感覚を調査し，試案に反映させたこと」に関しては，先行研究・実践にはなかなか見られなかった取り組みであり，教えるべき知識・技能を広く一般の教員に浸透させるという意味では非常に価値のある試案といえる。

　ただ，片山の調査対象には，国語科教育を専門的に研究していない教員も当然含まれており，そうした教員からすれば，先行研究において意義がある用語であると判断されているものであっても，普段の授業でそうした用語を扱った経験がなければ，「指導すべき語」であるとは判断しなかったであろう。さらに，「学習の手引き」にあまり目を通していない教員は，ともすると教科書の学習用語にすら「耳慣れない」という反応をしてしまう。それゆえ，片山試案は，旧来の教員の授業感覚にやや傾いたものであり，教科書には採用されていない，あるいは教員意識調査では指示されていないが大事な用語は試案には入ってきにくい。

　片山試案は，現場の一般的感覚では非常にバランスのとれた試案であると

いえる。先行研究や実践によく見られる「そのような用語を提示してどんな意味があるのだろう」と疑問を抱くような「個性的用語」はほぼ見当たらない。それゆえ，現場の教員からすれば比較的納得がいき，受け入れやすい試案であると思われる。

しかしそれでも，もう少し教える用語の範囲を拡大したほうが，子供は知的好奇心が刺激され物語教材を読む意義を感じられるのではないか，というのが本書における主張である。子供たちに新しく物語教材を出会わせるのであれば，そこで最低でも1〜2の新しい知識・技能に出会わせたいものである。

7 大西忠治「科学的『読み』の授業研究会」[14]

大西忠治の実践・理論を基にした読みの方法を，「科学的『読み』の授業研究会」の方式（読み研方式）と呼ぶが，読み研方式では授業における文学作品の読みを，三つの段階に分けている。それが「構造よみ」「形象よみ」「主題よみ」である。「構造よみ」は小3〜小5ぐらい，「形象よみ」は小6〜中2ぐらい，「主題よみ」は中3〜高2ぐらいで行うことを目標にしてはどうか，と大西は提唱している。

読み研方式は，20弱程度の用語を用い，発達段階に応じて文学作品の「構造」を読み，「形象」を読んだ後，「主題」に迫っていく。「用語」によって新しい知識や技能を教えるということではなく，独自の方法で構造・形象・主題を読むというその「方法」に特徴が見て取れる。

いずれにしても，小3の時点で「発端」「山場のはじまり」などの物語の構造を意識させるというのはユニークである。文章を，小3のときから俯瞰して，より客観的に読むということになる。こうした読みの方法は，一般的な教員の感覚からいうと，慣れない，あるいはなかなか受け入れにくいものはあるかもしれない。しかしながら，国語教育界で歴史もあり，一定の評価

---

[14] 大西忠治・授業技術研究所編『国語教育評論1 文学作品の構造読みとは何か』明治図書 (1983) ほか

も得，「読み研方式」という方法・認識を広めたのは事実である。物語を読解していく際の，新鮮な「観点」としての用語の価値は十分あり，本書においても参考にしたいところである。

表3-7-1　読み研方式による文学作品の「構造よみ」「形象よみ」における用語群

低学年		中学年		高学年	
1年	2年	3年	4年	5年	6年
		構造よみ（主に小3～小5）			形象よみ（主に小6～中2）
		・冒頭・プロローグ（導入部） ・発端・展開部・山場の部 ・山場のはじまり ・最高潮（クライマックス）・結末 ・エピローグ（終結部）・終わり ・事件・エピソード・筋　…など			・時・場 ・事件設定・人物 ・文体　…など

※なお，「科学的『読み』の授業研究会」が提唱するいわゆる「読み研方式」には，上記のほかに「主題よみ」（主に中3～高2）という段階がある。

8　西郷竹彦「文芸学理論」[15]

　大西の読み研方式同様，西郷竹彦もまた国語教育界において西郷文芸学という大きな潮流を作った。西郷文芸学理論の注目すべき点は，「同化体験」「異化体験」「典型」というような耳慣れない用語を示す一方で，「語り手」「人物」「視点」といったような現行の教科書にも多く採用されている用語をも提示していることである。

　分析批評との共通項があるのも特徴である。西郷自身は「分析批評」に対して否定的で，一線は画している感はあるが，「話者」「視点」などは分析批評や西郷文芸学で扱う用語である。（平成27～31年版教科書で光村図書が「学習の手引き」において「視点」という言葉を提示しているが，あくまで「読み手の目の位置」という意味での視点であり，分析批評や西郷文芸学のいう話主，つまり語り手の目の位置という意味での「視点」ではない。）

---

[15]　西郷文芸学　文芸学用語解説（http://www5.synapse.ne.jp/heart/riron-jissen/bungeigaku/bungeigaku.html）

表3-8-1　西郷竹彦「文芸学理論」に登場する用語群

西郷竹彦 文芸学理論	形象　構造　形象の相関性と全一性　筋　視点　内の目　外の目　視角　文芸体験　同化体験　異化体験　共体験　人物　話者　語り手　読者　初読と再読　人物と読者　主題　思想　典型　典型をめざす読み　表現　文体　象徴　仕組み　仕掛け　虚構　美　真実　ユーモア　ファンタジー

9　鶴田清司「作品分析法」[16]

　文学教育で言語技術を教えていくことを長年主張してきた鶴田清司は『文学教材の読解主義を超える』明治図書（1999）の中で作品分析法を示している。この中で鶴田は「数が多いように見えるが，それは小学校から高校までの全体を視野に入れているためである。今後の授業の中でもっと淘汰されることによって，各学年段階で教えるべき〈教科内容〉が精選・系統化されていくだろう。」と述べ，さらには「ちなみに小学校の段階では，子どもの発達段階や教材（童話・物語）の特性を考えて，特に『反復と対比』『イメージ（声喩)』『色彩語』『設定（時・場・人)』『人物や事件の転換点』『人物像の変化』『話者の視点と語り口』などが『読みの技術』のミニマム・エッセンシャルズとなるだろう。しかも，消化不良とならないように，ひとつの教材でせいぜい二つか三つの技術を教えることで十分である。」と主張している。

---

[16]　鶴田清司著『文学教材の読解主義を超える』明治図書（1999）

表3-9-1　鶴田清司の作品分析法

鶴田清司　作品分析法	①構成をとらえる技術
	題名の意味を考える。
	設定（時・人・場）を明らかにする。
	全体構成（冒頭－発端－山場のはじまり－クライマックス－結末－終わり，起承転結）を明らかにする。特に事件や人物の転換点に着目する。
	場面に分けて，事件や筋（伏線）をとらえる。
	②表現をとらえる技術
	類比（反復）と対比の関係をとらえる。
	イメージ語ないし感覚表現（視覚・聴覚・嗅覚・味覚・触覚），色彩語，比喩（直喩・暗喩・擬人法），声喩（オノマトペ），象徴，倒置法，省略法，誇張法などの効果を明らかにする。
	作型（描写・説明・会話・叙事・表明）の効果を明らかにする。
	文字表記，句読点，区切り符号（ダッシュ，リーダーなど），字配りなどの効果を明らかにする。
	韻律の効果を明らかにする。
	③視点をとらえる技術
	作者と話者（語り手）を区別する。
	内の目（主観視点）と外の目（客観視点）を区別する。
	同化体験（人物の気持ちになる）と異化体験（人物を外から眺める），共体験（両者の混合）を成立させる。
	一人称視点と三人称視点の効果を明らかにする。
	視点人物と対象人物，視点の転換などをとらえる。
	④人物をとらえる技術
	中心人物（主役と対役）をとらえる。

第3章　先行実践・研究における知識・技能の系統化の試み　85

人物描写などから人物像や心情をとらえる。

中心人物の人物像の変化や心の転換点をとらえる。

人物の姓名・呼称の意味を考える。

人物を典型としてとらえる。

⑤文体をとらえる技術

話者の語り口の特徴をとらえる。

話法（直接話法，間接話法など）を明らかにする。

文末表現，余情表現，常体と敬体，文の長さなどの効果を明らかにする。

作調（明暗，喜劇，悲劇，叙情，感傷，幻想，怪奇，ユーモア，アイロニー，パラドックスなど）を明らかにする。

鶴田清司著『文学教材の読解主義を超える』明治図書（1999）

　鶴田の「ミニマム・エッセンシャルズ」の考え方でいけば，小学校段階で物語を読む際に教えるべき読みの技術は以下のようになる。
　①「反復と対比」
　②「イメージ（声喩）」
　③「色彩語」
　④「設定（時・場・人）」
　⑤「人物や事件の転換点」
　⑥「人物像の変化」
　⑦「話者の視点と語り口」
　これらを必要最低限の読みの技術として教え，これに上記の表で示した技術を発達段階に応じて教えていくことになる。ただし，示された読みの技術は高校までを視野に入れたものなので，小学生にはどの用語をどの発達段階で提示するのか，系統化にあたっては慎重な用語の選定が必要になるであろう。

10 白石範孝編著「読みの力を育てる用語」[17]

　白石らは「読解力の基盤となる活用力を支えるための用語」として，以下の用語群を示している。さらに，これらの用語をいかに実践の中で教えていくか，著書の中で提案している。

表3-10-1　「読みの力を育てる用語」

説明文	・文意識　・主語意識　・文末表現　・形式段落　・段落の主語（中心になる言葉）　・文・段落のはたらき　・問いと答え　・意味段落　・要点　・要約　・要旨　・具体と抽象　・筆者　・文章構成図　・基本文型（文章全体）・資料（図・グラフ）
物語	・場面　・作者　・主題　・一文で書く　・山場　・クライマックス　・結末　・登場人物　・中心人物　・対人物　・語り手（視点）　・会話文　・構成　・あらすじ　・変容　・ファンタジー　・情景　・説明と描写　・挿絵　・心情　・設定　・モチーフ　・題名　・事件
詩	・連　・音数　・リズム　・リフレーン（くりかえし）　・擬人法　・擬声語　・擬態語　・比喩　・倒置法　・体言止め　・対句　・仕組み　・題名

白石範孝編著『東京・吉祥寺発　読みの力を育てる用語』東洋館出版社（2009）

　特徴は，小学校6年間で無理なく用語を習得できるよう精選し，物語で教える用語が24語と少なめに選定されていることである。（ただし，「心情」を低学年では「気持ち」と言い換えるなど，発達段階に応じて用語を平易にして教えることを前提としている。）また，一つ一つの用語の定義が明確に示されてもいる。ゆえに，どんな意味でどんな状況のときに用語を使っていけばよいのか想定しやすい。

　ただし，何をもってこれらの用語を選んだのか，選定の根拠が見えてこない。

　また，用語は，説明文・物語・詩の3分野に一応の分類がされているが，詩の分野の用語でも，「比喩」「題名」など物語の学習にも適用されるべき用語が多く見られる。したがって，分類においても何を基準にしたのかが分か

---

[17]　白石範孝編著『東京・吉祥寺発　読みの力を育てる用語』東洋館出版社（2009）

第3章　先行実践・研究における知識・技能の系統化の試み　87

らない。

　さらに，どの用語をどの学年で教えていくかという系統化はされていない。ということは，この用語群を眺めたとき，用語提示は授業者の裁量にすべて委ねられることになってしまうということである。経験のある教員ならばよいが，経験の少ない，あるいは物語を読む授業に自信のない教員は，用語指導が難しいであろう。これらのことは学習用語を教えていくうえで避けて通れない課題でもある。こうした課題を乗り越えていくことで，現場に学習用語が浸透していくと考えられる。

　示された用語の中で，学習指導要領や各社の教科書，様々な先行研究と比べて「個性的」といえる用語は，

「一文で書く」「対人物」「説明と描写」

などであろう。特に「一文で書く」は唯一動詞で，技能的行為を表しているため，この用語群の中にあって妙に浮いている感じを受ける。こうした違和感（各用語間の温度差のようなもの）は，本書において学習指導要領から知識・技能的要素を抽出しているときと同様のものでもあった。これらを整理・区分したうえで，次章では用語を選定し，試案を示していきたい。

第4章
学習用語による知識・技能の意識化と自覚化

　第2章と第3章では，学習指導要領，教科書，先行実践・研究から，知識・技能の要素の抽出を試みた。そこで本章では，抽出したそれらの要素をもとに，6年間で教える学習用語を選定・系統化し，試案として示したい。さらに，それらの用語を実際の授業でどのように教え，児童がどのような反応をしていくのか見ていくこととする。

1　学習用語の選定

　今まで抽出してきた知識・技能の要素を一覧にしたものが，次に示す＜表4-1-1＞である。

表4-1-1

1年	2年	3年	4年	5年	6年
9 様子	10 場面	7 中心人物	7 情景	9 主題	5 象徴
9 場面	6 様子	7 情景	6 変化	8 描写	4 描写
7 想像（する）	6 想像（する）	7 語り手	4 設定	8 心情	3 文体
7 人物	5 内容	7 会話（文）	4 主題	6 味わう	3 表現
5 登場人物	5 読み取る	6 変化	4 語り手	5 情景	3 内容
5 題名	5 登場人物	6 性格	4 移り変わり	4 表現	3 人物
5 おもしろいところ	5 順序	6 移り変わり	3 地の文	3 比喩	3 心情
5 好きなところ	4 あらすじ	5 場面	3 色，匂いを表す言葉	3 設定	3 ファンタジー
5 したこと	3 大体	5 事件	3 叙述	3 人物像	2 伏線
5 お話	3 即す	5 気持ち	3 事件	3 象徴	2 比喩
4 作者	3 設定	4 行動	3 細かい点	3 山場	2 背景
4 内容	3 人物	3 物語	3 構成	3 構成	2 倒置法
4 主人公	3 情景	3 地の文	3 結末	3 筋	2 登場人物

第4章　学習用語による知識・技能の意識化と自覚化　89

1年	2年	3年	4年	5年	6年
4 思い浮かべる	3 出来事	3 題名	3 筋	3 鑑賞	2 典型
3 大体	3 主題	3 想像（する）	3 会話	3 ファンタジー	2 対比
3 文章	3 事件	3 叙述	3 クライマックス	2 冒頭	2 相互関係
3 情景	3 行動	3 出来事	2 話者	2 文体	2 組み立て
3 順序・順番	3 考える	3 視点	2 文脈	2 伏線	2 設定
3 主題	3 会話（文）	3 あらすじ	2 物語	2 表現の工夫	2 人物像
3 時間的な順序	3 移り変わり	2 話者	2 表現	2 批評	2 叙述
3 時・時間	3 おもしろいところ	2 表現の優れているところ	2 中心となる人物	2 登場人物	2 主題
3 事柄の順序	2 文章	2 抜き出す	2 対比	2 典型	2 主人公
3 行動	2 物語	2 読者	2 捉える	2 題材	2 視点
3 筋	2 読み物	2 登場人物	2 性格	2 相互関係	2 山場
3 さし絵	2 読み深める	2 中心	2 心情	2 人物	2 考え
2 理解	2 題目	2 対比	2 色彩語	2 色彩（語）	2 構成
2 文	2 叙述	2 挿し絵	2 視点	2 事件	2 語り手
2 物語	2 時	2 組み立て	2 視写	2 視点	2 ユーモア
2 表現	2 視点	2 設定	2 山場	2 構造	・話題・題材
2 中心人物	2 好きなところ	2 人柄	2 考え方	2 語り手	・話者の視点と語り口
2 題目	2 語り手	2 色彩語	2 脚本	2 結末	・話者
2 対人物	2 筋	2 主題	2 気持ち	2 暗示	・話の前
2 設定	2 気持ち	2 仕掛け	2 ファンタジー	2 ユーモア	・要約
2 事件	2 わけ	2 作者	2 ト書き	2 クライマックス	・要素
2 語り手	2 ファンタジー	2 結末	2 せりふ	2 エピソード	・余情
2 言ったこと	2 さし絵	2 筋	2 イメージ	2 イメージ	・優れた表現
2 経験	・初読と再読	2 ファンタジー	・話者の視点と語り口	・話題・題材	・優れた叙述
	・修飾語	2 クライマックス	・類比	・話者の視点と語り口	・黙読
2 会話文	・手がかり		・理解する	・話者	・味わう
	・自分と比べる	2 エピソード	・落語	・話の前	・変容
2 ファンタジー	・詩		・優れている箇所	・朗読	・文脈
2 かぎ	・物語	・話主	・優れた表現	・理解	・文章含蓄
・話者の視点と語り口	・視角	・話者の視点と語り口	・役割	・余情	・文章の種類, 形態
・話者	・紙芝居	・理由	・味わう	・優れた表現	・文芸体験
・話	・思想	・理解する		・優れた叙述	・文形（文種）
	・思考				・文学
					・雰囲気

- ・連想
- ・訳者
- ・本
- ・変容
- ・文脈
- ・文題（だい，おはなしのだい）
- ・文体
- ・文芸体験
- ・美
- ・反復と対比
- ・内の目
- ・読者
- ・読む
- ・読み味わう
- ・読み物
- ・読みを深める
- ・読みとる
- ・読み
- ・童話
- ・同化体験
- ・典型をめざす読み
- ・典型
- ・地の文
- ・捉える
- ・想像を広げる
- ・全体の気分・情調
- ・説明と描写
- ・昔話
- ・世界
- ・人物像の変化
- ・人物や事件の転換点
- ・人物と読者
- ・身振り
- ・真実
- ・心情
- ・心にふれる
- ・色彩語
- ・場面設定
- ・場面の様子

- ・思い浮かべる
- ・子どもしばい
- ・始め・中・終わり
- ・仕組み
- ・仕掛け
- ・山場
- ・作品や文章の基本的性格
- ・作者
- ・行動の変化
- ・考え
- ・構造
- ・構成
- ・言ったこと
- ・結末
- ・経験
- ・形象の相関性と全一性
- ・形象
- ・繰り返し
- ・共体験
- ・虚構
- ・脚色
- ・擬声語・擬態語
- ・気持ちの変化
- ・感受
- ・感じる
- ・概略
- ・外の目
- ・絵
- ・解決
- ・何をした（行動）
- ・音真似言葉（擬音語）
- ・一文で書く
- ・異化体験
- ・リズム
- ・ユーモア
- ・モチーフ
- ・ふりかえる

- ・要点
- ・味わう
- ・冒頭
- ・変容
- ・変換点
- ・文脈
- ・文体
- ・文章
- ・文芸体験
- ・文の組み立て
- ・文
- ・描写
- ・表現
- ・美しい場面や行動
- ・美
- ・比喩
- ・批評
- ・反復と対比
- ・反復
- ・発端
- ・内容の要点
- ・内容の中心
- ・内の目
- ・読み取る
- ・同化体験
- ・展開部
- ・典型をめざす読み
- ・典型
- ・中心的な事柄
- ・段落
- ・大事な事柄
- ・対役
- ・対人物
- ・説明文
- ・説明と描写
- ・人物同士の関係性
- ・人物像の変化
- ・人物や事件の転換点
- ・人物と読者

- ・冒頭－展開－結末
- ・冒頭
- ・変容
- ・変換点
- ・文体
- ・文芸体験
- ・副題
- ・描写
- ・表現の工夫
- ・筆者
- ・美しい場面や行動
- ・美
- ・比喩
- ・比べる
- ・批評
- ・反復と対比
- ・反復
- ・発端
- ・内容の中心
- ・内容の大体
- ・内の目
- ・読者
- ・読み返す
- ・読み取る
- ・読みが深まる，広がる
- ・同化体験
- ・登場人物
- ・展開部
- ・展開
- ・典型をめざす読み
- ・典型
- ・中心
- ・着目する
- ・題名のわけ
- ・題名
- ・対人物
- ・体験と関連付ける
- ・挿絵

- ・黙読
- ・変容
- ・変化
- ・文脈
- ・文末表現
- ・文章含蓄
- ・文芸体験
- ・文形（文種）
- ・物語の魅力
- ・物語
- ・表現の効果
- ・美
- ・比べる
- ・批評の文
- ・反復と対比
- ・判断する
- ・発端
- ・認知
- ・内容
- ・内の目
- ・読者
- ・同化体験
- ・倒置法
- ・伝記
- ・展開予測
- ・展開部
- ・典型をめざす読み
- ・中心人物
- ・中心思想
- ・着目
- ・題名
- ・対人物
- ・続き話
- ・挿絵
- ・組み立て
- ・素材
- ・全体像
- ・説明と描写
- ・生き方
- ・人物同士の関係
- ・人物像の変化

- ・分析批評
- ・物語全体
- ・物語の世界
- ・物語が語りかけてきたこと
- ・物語
- ・風刺
- ・表現の仕方
- ・表現の効果
- ・美
- ・比べる
- ・批評
- ・反復と対比
- ・判断する
- ・認知
- ・内の目
- ・読者
- ・読み方
- ・読み物
- ・読み深める
- ・読み取ったこと
- ・同化体験
- ・展開予測
- ・典型をめざす読み
- ・抽象語
- ・中心人物
- ・中心思想
- ・題名
- ・題材
- ・対立する人物
- ・対人物
- ・体言止め
- ・続き話
- ・捉える
- ・挿絵
- ・全体像
- ・説明と描写
- ・生き方・考え方（人物の）
- ・人物同士の関係
- ・人物像の変化

第4章　学習用語による知識・技能の意識化と自覚化

1年	2年	3年	4年	5年	6年
・場所	・どんな人	・人物	・想像	・人物や事件の転換点	・人物や事件の転換点
・象徴	・どんなつもりだったか（思い）	・真実	・組み立て	・人物の役割	・人物の関わり
・焦点	・とらえる	・心情	・説明と描写	・人物の相互関係	・人物と読者
・書き抜く	・だれが（人物）	・場面の展開	・人物像の変化	・人物と読者	・真実
・書いてあること	・たとえ	・象徴	・人物像	・人物どうしの関わり	・色彩表現
・所（どこ）	・だいたい	・詳しく読む	・人物や事件の転換点	・真実	・色彩語
・初読と再読	・ストーリーを短くまとめる	・省略	・人物の境遇，状況	・深める	・色
・出来事	・すじ	・初読と再読	・人物と読者	・心情描写	・情景
・手がかり	・詳しく読む	・終わり	・人物と似たような体験	・心の動き	・場面
・視点	・焦点	・視角	・人物との関わり	・情景描写	・場
・視角	・書き抜く	・思想	・人物	・場面	・象徴性
・思想	・書いてあるとおり	・思い浮かべる	・真実	・叙述	・序文
・思考	・ことがら	・始まり	・心情の変化	・書き表し方	・叙述に即す
・思ったこと	・くり返し	・仕組み	・情景描写	・書き抜く	・助けたり支えたりする人物
・子どもしばい	・変わる	・山場の部	・情景の移り変わり	・書き手の意図	・書き手の工夫
・仕組み	・人物	・山場のはじまり	・場面	・書き手のものの見方・考え方	・初読と再読
・仕掛け	・クライマックス	・山場	・象徴	・書き換える	・受け取った思い（物語から）
・山場	・キーワード	・作品	・省略	・初読と再読	・自分との比較
・作品や文章の基本的性格	・お話の外側	・作者が作品を通して言おうとしていること	・小見出し	・主想，主材，主想語	・時代背景
・考える	・エピソード（小さなお話）	・最高潮（クライマックス）	・書き表し方	・自分との比較	・時
・構造	・イメージ語（色，形，音を表す言葉）	・考え	・書き換える	・時代背景	・事件設定
・構成	・イメージ（声喩）	・構造	・初読と再読	・視点（客観視点，限定視点，全知視点）	・事件
・言動	・話主（語り手）	・構成	・出来事	・視写する	・視角
・結末		・好きなところ	・手掛かり	・視角	・思想
・形象の相関性と全一性		・経験	・自分を重ね合わせる	・紙しばい	・始め・終わり
・形象		・形象の相関性と全一性	・事柄	・思想	・仕組み
・共体験		・形象	・視角	・仕組み	・仕掛け
・虚構		・共体験	・紙しばい	・仕掛け	・作品の世界
・擬声語・擬態語		・虚構	・思想	・山場の部	・作品
・気持ち		・脚色	・仕組み	・山場のはじまり	・作調
・基本構造		・擬態語	・仕掛け	・作者の態度	・作者の態度
・感想		・擬人化	・山場の部	・作者	・作者
・感受		・気持ちの移り変わり	・山場のはじまり		・作型，モード
・感じる		・関連付け	・作品が考えさ		・根拠
・外の目		・外の目			・行い
・絵本					・構造
・絵					・構成の工夫
・何をした（行					・巧みな表現

動）
- 何が書いてあるか
- 音読
- 音真似言葉（擬音語）
- 一文で書く
- 異化体験
- わけ
- リズム
- ユーモア
- モチーフ
- ふりかえる
- どんな人
- どんなつもりだったか（思い）
- とらえる
- どのような人か
- ところ
- だれが（人物）
- たとえ
- だいたい
- せりふ
- ストーリーを短くまとめる
- ことがら
- くり返し
- 変わる
- 人物
- クライマックス
- キーワード
- イメージ語（何度も使われている言葉）
- イメージ(声喩)
- あらすじ

- 一文で書く
- 異化体験
- 意味付け
- 暗唱
- リフレイン（くり返し）
- ユーモア
- モチーフ
- むすび
- プロローグ（導入部）
- きっかけ
- おもしろいところ
- エピローグ（終結部）・終わり
- エピソード調べ
- イメージ（声喩）
- 設定（時，所，人物，設定調べ）

せようとしていること
- 作者が作品を通して言おうとしていること
- 作者
- 最高潮（クライマックス）
- 行動
- 考え
- 構造
- 語り
- 経験と結び付ける
- 経験
- 形象の相関性と全一性
- 形象
- 筋立て，プロット，構成
- 筋道
- 共体験
- 虚構
- 擬態語
- 擬人化
- 気付いたこと
- 関連付け
- 感じたこと
- 外の目
- 引用
- 一文で書く
- 異化体験
- 意味付け
- 位置付け
- ユーモア
- モチーフ
- プロローグ（導入部）
- ピナクル
- つながりのある（本・物語）
- シナリオ

- 最高潮（クライマックス）
- 根拠
- 行間
- 行い
- 考え
- 効果
- 形象の相関性と全一性
- 形象
- 繰り返し
- 筋の展開
- 共体験
- 虚構
- 脚色
- 擬声語
- 擬人法
- 擬人化
- 起承転結
- 記号（！や…など）
- 外の目
- 解釈
- 会話文
- 音を表す言葉
- 奥付
- 演出
- 一文で書く
- 一人称
- 異化体験
- ものの見方・考え方
- モチーフ
- プロローグ（導入部）
- たとえ
- シナリオ
- おもしろさ
- エピローグ（終結部）・終わり
- イメージ語
- あらすじ

- 効果的表現
- 効果
- 交流
- 結末
- 経験に重なる
- 形象の相関性と全一性
- 形象
- 繰り返し
- 寓喩
- 筋
- 共体験
- 虚構
- 擬態
- 擬声語・擬態語
- 擬人法
- 擬音
- 喜・悲劇
- 関連付けて読む
- 外の目
- 解釈
- 会話文
- 一文で書く
- 一義イメージ語，多義イメージ語
- 異化体験
- 暗喩
- 暗示性
- 暗示
- モチーフ
- メッセージ
- ノンフィクション
- クライマックス
- きっかけ
- イメジャリー
- イメージ（声喩）
- イメージ

1年	2年	3年	4年	5年	6年
			・ぐう話 ・キーワード ・おもしろさ ・エピローグ （終結部）・終わり ・エピソード ・イメージ語 （感じる，味，におい） ・あらすじ		・あらすじ ・アイロニカル

さらにこれらの用語の中から各学年で登場回数が複数回以上の用語を抜き出すと，＜表4-1-2＞のようになる。

表4-1-2

1年	2年	3年	4年	5年	6年
9 様子	10 場面	7 中心人物	7 情景	9 主題	5 象徴
9 場面	6 様子	7 情景	6 変化	8 描写	4 描写
7 想像（する）	6 想像（する）	7 語り手	4 設定	8 心情	3 文体
7 人物	5 内容	7 会話（文）	4 主題	6 味わう	3 表現
5 登場人物	5 読み取る	6 変化	4 語り手	5 情景	3 内容
5 題名	5 登場人物	6 性格	4 移り変わり	4 表現	3 人物
5 おもしろいところ	5 順序	6 移り変わり	3 地の文	3 比喩	3 心情
5 好きなところ	4 あらすじ	5 場面	3 色，匂いを表す言葉	3 設定	3 ファンタジー
5 したこと	3 大体	5 事件	3 叙述	3 人物像	2 伏線
5 お話	3 即す	5 気持ち	3 事件	3 象徴	2 比喩
4 作者	3 設定	4 行動	3 細かい点	3 山場	2 背景
4 内容	3 人物	3 物語	3 構成	3 構成	2 倒置法
4 主人公	3 情景	3 地の文	3 結末	3 筋	2 登場人物
4 思い浮かべる	3 出来事	3 題名	3 筋	3 鑑賞	2 典型
3 大体	3 主題	3 想像（する）	3 会話	3 ファンタジー	2 対比
3 文章	3 事件	3 叙述	3 クライマックス	3 冒頭	2 相互関係
3 情景	3 行動	3 出来事	2 話者	2 文体	2 組み立て
3 順序・順番	3 考える	3 視点	2 文脈	2 伏線	2 設定
3 主題	3 会話（文）	3 あらすじ	2 物語	2 表現の工夫	2 人物像
3 時間的な順序	3 移り変わり	2 話者	2 表現	2 批評	2 叙述

3時・時間	3おもしろいところ	2表現の優れているところ	2中心となる人物	2登場人物	2主題
3事柄の順序	2文章	2抜き出す	2対比	2典型	2主人公
3行動	2物語	2読者	2捉える	2題材	2視点
3筋	2読み物	2登場人物	2性格	2相互関係	2山場
3さし絵	2読み深める	2中心	2心情	2人物	2考え
2理解	2題目	2対比	2色彩語	2色彩（語）	2構成
2文	2叙述	2挿し絵	2視点	2事件	2語り手
2物語	2時	2組み立て	2視写	2視点	2ユーモア
2表現	2視点	2設定	2山場	2構造	
2中心人物	2好きなところ	2人柄	2考え方	2語り手	
2題目	2語り手	2色彩語	2脚本	2結末	
2対人物	2筋	2主題	2気持ち	2暗示	
2設定	2気持ち	2仕掛け	2ファンタジー	2ユーモア	
2事件	2わけ	2作者	2ト書き	2クライマックス	
2語り手	2ファンタジー	2結末	2せりふ	2エピソード	
2言ったこと	2さし絵	2筋	2イメージ	2イメージ	
2経験		2ファンタジー			
2会話文		2クライマックス			
2ファンタジー		2エピソード			
2かぎ					

さて，これらの資料を基に，単純に登場回数の多い用語を拾い，機械的に知識・技能（用語）の系統化を図るというわけにもいかないだろう。ざっと見ただけでも，１～２回の登場回数でありながらも教える価値のある用語は数多くある。したがって，本書では，次のような立場で用語を選定していくものとしたい。

①原則として一つの学年における登場回数が５回以上の用語は取り上げるが，当該学年には難解で不適当と判断した場合は，上の学年で取り上げていく。

②登場回数が１～４回の用語に関しても，先行実践・研究や，筆者自身の授業経験を踏まえ，児童に無理がなく，かつ教える価値がある（他学年でも何度も要素として登場している，現行の物語教材と密接に関わりがあるなど）と判断した場合に取り上げる。

③用語に価値はあるが，そのままの言葉で教えると難解・高度な場合は，同じ内容の平易な言葉に適宜変換していく。

上記を踏まえ，用語を選定すると以下のようになる。

表4-1-3

1年	2年	3年	4年	5年	6年
場面	様子	移り変わり	色・匂いを表す言葉	描写	主題
人物	読み取る	変化	会話（文）	心情	象徴
お話（内容・大体）	想像する	性格	中心人物	味わう	比喩
好きなところ	登場人物	出来事	語り手	情景	対比
したこと	主人公	事件	地の文	（人物同士の）相互関係	叙述
おもしろいところ	行動	物語	人柄	優れた表現・描写	視点
順序・順番	わけ	段落	文章	人物像	擬態（語）
題名	たとえ	あらすじ	視写（する）	山場	擬音（語）
思い浮かべる	音まね言葉（擬音語）	始め・中・終わり	対人物（対役）	構成	読み深める
作者	繰り返し言葉（擬態語）	繰り返し（反復）	結末	設定（時・場・人）	生き方・考え方（人物の）
文		気持ち	ファンタジー		根拠
時（いつ）		書き抜く（抜き出す）	比べる（経験と,自分と）		効果（表現の）
言ったこと					とらえる
挿し絵					
かぎかっこ					
昔話					
所（どこ）					
思ったこと					
訳者					

※漢字表記については，学年を考慮していない。

　過去の学習指導要領や現行の各社の教科書，さらには様々な先行実践・研究から要素を抽出して整理した用語群ではあるが，それでもなお，ざっと全体を眺めれば，「一般的公立学校の，国語を専門としていない教師の現場感覚」だと違和感を覚える用語もあるだろう。それは，
・音まね言葉：2年　・対人物（対役）：4年　・設定：5年　・象徴：6年
・対比：6年
あたりと考えられる。これらの用語を示しながら物語教材を読ませている指

導者は，圧倒的「少数」に違いない。しかしながら，これらの用語こそ，本書の持つ提案性であり新鮮味であると考えたい。一般的な公立学校であっても，この水準の用語なら過負担にならず，教えることに挑戦してもよいだろうと判断した。

　もちろん，それでもなお，要素として複数回登場したのに敢えて回避した用語もある。「倒置法」「伏線」などがそれに当たる。これらは小学校段階ではまだ高度であり，中学校段階で取り上げ，教えていくべき用語であろう。

　それにつけても，用語の選定にあたっては，様々な難しさが伴う。

　たとえば，本表では２年で「主人公」を取り上げ，４年でも同義の「中心人物」を取り上げている。これは，たとえ同義であっても「中心人物」という言葉が，２年生にはやや高度であろうと判断したこと，４年で「中心人物」とセットで「対人物（対役）」という言葉を獲得させたいことが理由として挙げられる。

　２年の「たとえ」と６年の「比喩」も，全くの同義であるが，これは，２年で概念に触れておき，６年で高度な名称（呼び名）を獲得させるという意図である。

　いずれにしても，どの用語をどの学年で教えるかという最終判断は微妙なものになる。学習指導要領の指導事項も，２学年ごとのまとまりになっているのであるから，本試案も２学年のまとまりで考え，指導していく柔軟性を持っていたい。しかしながら，こうした難しさを伴いながらもはっきりと系統化のための線引きをしていくことが，今後の「物語の授業における知識・技能の具体化・明確化」を進めていくことにつながると考え，敢えて学年ごとのまとまりで用語を示した。現実の授業では，初出学年の後，繰り返し用語を提示・使用し，知識・技能として定着を図りたい。

2　知識・技能の「層」による性質の違い

　さて，前節で取り上げて整理した用語群には，第２章で言及した

①新たに吸収・暗記させたい「知識」としての層

②知識としての難しさや新鮮さはなく，吸収・暗記すべきという性質のものではないが，物語を読解するうえで意識させたい「観点（着眼点）」としての層

③物語を読むうえで必要な技能的「行為」としての層

の違いが見て取れる。

　たとえば，1年で取り上げている「人物」は，物語に必ず出てくる概念としても，また，語彙としても獲得させたい「知識」といえよう。児童は「話の中に登場するのがたとえ動物であっても『人物』というのだ」というある種の新鮮な驚きもあろう。このような用語群を，

　① 「知識」の層

としたい。

　しかしその一方で，「お話」や「したこと」などは，1年生とはいえ語彙レベルから考えて難しくなく，また，新鮮味もない。それでいて内容理解の確認等，指導するうえで使わないわけにはいかない必須の「学習指導用語」である。これらの用語は知識というより観点（着眼点）といったほうが違和感がないだろう。したがって，これらの用語群は，

　② 「観点（着眼点）」の層

とする。

　さらに，「思い浮かべる」などは，語彙レベルとしても易しく，それでいて読みの観点（着眼点）でもない，学習における行為や活動（動き）を表す用語である。よってこれらは，

　③技能的「行為」の層

とする。

　以上の分析を踏まえると，＜表4-1-3＞の用語群は次のように分類できる。

表4-2-1

1年	2年	3年	4年	5年	6年
場面	様子	移り変わり（場面の）	色を表す言葉	描写	主題
			匂いを表す言葉		
人物	読み取る	変化（気持ちの）	会話（文）	心情	象徴
お話（内容・大体）	想像する	性格	中心人物	味わう	比喩
好きなところ	登場人物	出来事	語り手	情景	対比
したこと	主人公	事件	地の文	相互関係（人物同士の）	叙述
おもしろいところ	行動	物語	人柄	優れた表現・描写	視点
順序・順番	わけ・理由	段落	文章	人物像	擬態語
題名	たとえ	あらすじ	視写（する）	山場	擬音語
思い浮かべる	音まね言葉（擬音語）	始め・中・終わり	対人物（↔中心人物）	構成	読み深める
			対役（↔主役）		
作者	繰り返し言葉（擬態語）	繰り返し（反復）	結末	設定（時・場・人）	生き方・考え方（人物の）
文		気持ち	ファンタジー		根拠
時（いつ）		書き抜く（抜き出す）	比べる（自分と、経験と）		効果（表現の）
言ったこと					とらえる
挿し絵					
かぎかっこ					
昔話					
所（どこ）					
思ったこと					
訳者					

　①の「知識」の層は 薄灰 ，②の「観点（着眼点）」の層は 白 ，③の技能的「行為」の層は 濃灰 で示している。

　ただし，発達段階や用語の「知的刺激性の強さ」によって，知識の層にするか，観点の層にするか判断が難しいところもある。2年生の「様子」は知識の層に入れているが，すでに「様子」という語彙（概念）を獲得している児童にとっては，むしろ観点というべきだろう。しかし，ここではひとまずの線引きとして，知識の層とした。また，4年の「人柄」などは非常に抽象的な用語で，知識としてはいるが，観点ともとることができ，「人物の『人柄』を捉えて読む」と考えれば行為と見ることもできよう。このように，「知識」「観点」「行為」の区分けははっきりとできるものではなく，次のよ

第4章　学習用語による知識・技能の意識化と自覚化　99

うな，それぞれの層が重なり合う概念図が想定される。

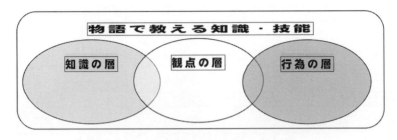

図4-2-1　物語で教える知識・技能の概念図

　これら三つの「知識」「観点」「行為」が相互作用し，具体的行動となって表れ得たときに初めて「知識・技能」を獲得できたといえる。実際の授業を想定すれば，教員が児童に「知識」を与え，「観点」を示し，「行為」させることで，「知識・技能」の総体が機能していくということである。

　「知識・技能」が「知識と技能」という表記になっていないのは，明確な線引きができないことに因ろう。かつて「～の基礎・基本」といったときに，何が「基礎」で何が「基本」なのかという論議があった。二つの間に確かに違いはあるのだろうが，線引きはできない。だからこその「基礎・基本」であり「知識・技能」である。したがって，本書で示した学習用語群は単なる知識ではないし，単独で成立する技能でもない。あくまで「知識・技能」である。また，これらの用語群は，暗記しただけで知識・技能と呼べるわけでは当然なく，児童の具体的行為（読み）として表れたときに初めて，知識・技能として成立するのである。

3　6年間で教える学習用語（熊谷試案）

　本章第1節と第2節で述べてきたことを総合し，最終的な試案を示すと次のようになる。＜表4-3-1＞
　前節からの繰り返しになるが，この試案に示した用語を「丸暗記」させれば知識・技能になるということではない。あくまで，物語教材を読みながら

用語（知識，観点，行為）の意味と価値を感じ，学習していくことで初めて「知識・技能」となる。

　なお，用語は各学年に配当しているが，学習指導要領における指導事項の系統を踏まえ，実際には低学年・中学年・高学年のくくりで教えるとよいと考える。たとえば，「語り手」という用語は，教科書会社によって，あるいは改訂年度によって，３年生の教科書で登場したり４年生の教科書で登場したりする。児童の実態を見ながら，３年もしくは４年で教えればよい。（筆者の現場感覚では，児童の認識の中で「作者」と「語り手」を分けることは，３年生段階では高度で難しいと考え，４年に配当している。）

表4-3-1　物語の読解に関する学習用語（熊谷試案）

	低学年		中学年		高学年	
	1年	2年	3年	4年	5年	6年
知識	場面	様子	物語	会話（文）	描写	主題
	人物	登場人物	段落	中心人物	心情	象徴
	題名	主人公	あらすじ	語り手	情景	比喩
	作者	音まね言葉（擬音語）	始め・中・終わり	地の文	人物像	対比
	訳者	繰り返し言葉（擬態語）		人柄	山場	視点
	文	たとえ		文章	構成	擬態語
	挿し絵			対人物（↔中心人物）	設定（時・場・人）	擬音語
	かぎかっこ			対役（↔主役）		叙述
	昔話			結末		
				ファンタジー		
観点・着眼点	お話	わけ・理由	移り変わり（場面の）	色を表す言葉	相互関係（人物同士の）	効果（表現の）
	好きなところ	行動	変化（気持ちの）	匂いを表す言葉	優れた表現・描写	生き方・考え方（人物の）
	おもしろいところ		事件			根拠
	順序・順番		性格			
	したこと		出来事			
	言ったこと		気持ち			
	時（いつ）		繰り返し（反復）			
	所（どこ）					
	思ったこと					
行為	思い浮かべる	想像する	書き抜く（抜き出す）	比べる（自分と、経験と）	味わう	読み深める
		読み取る		視写する		とらえる

柳谷直明が2004年に『〈学習用語のカテゴリー化〉で〈国語学力〉を育てる』[18]で示した用語数ほどではないにせよ，先行実践・研究と比べると，少なくない用語数といえよう。ただし，「観点」と「行為」の層に関する用語は，新たに覚えるという性質のものではなく，意識化させることが目的なので，言葉そのものとの出会いと意味理解は当該学年までに済んでおり，児童の負担にはならないはずである。むしろ，授業をする教員側がしっかり観点と行為の層の用語を意識し，授業の中で提示・使用していくことこそが大切である。

　子供たちに最も刺激を与えるであろう「知識」の層の用語数は，一番多い４年生で10語，一番少ない３年生で４語である。一年間の物語教材単元を３程度と想定すると，児童たちが新たに覚える語は，一単元あたり２〜４語程度となる。これら２〜４の用語も，まったく耳新しいものではなく，どこかで聞き，なんとなくは意味を分かっているものがいくつか含まれると推測できる。したがって，児童にとって過度の負担にはなるまい。本書は，「一教材あたり最低でも１〜２語」という立場で進めてきたので，この試案は妥当な用語数とみたい。

　試案で示した用語を教えていくにあたって留意すべきは，教材との関連である。用語を見ると，どの物語教材でもおよそ分け隔てなく教えられる用語（登場人物，地の文，人物像など）と，教材によっては教えるのが難しい用語（ファンタジー，情景，象徴など）があることに気付く。つまり，教材の特徴を分析し，発達段階を考慮したうえで教えなければならないということになる。

4　授業の中でどのように用語を提示していくのか〜授業実践〜

　では，実際に授業の中で，学習用語をどのようにして教えていけばよいの

---

[18]　柳谷直明著『〈学習用語のカテゴリー化〉で〈国語学力〉を育てる』明治図書（2004）

だろうか。また，学習用語を教えてもらい，児童はどのように反応するのだろうか。

第1章でも述べたが，物語の授業が嫌いな子は，身に付く力の自覚が薄いのである。

果たして，学習用語は「身に付く力の自覚」につながっているのだろうか。以下に示したい。

①児童が学習用語をほとんど教わっていない場合の実践

～光村図書ほか5年物語教材～

　国語の授業をしていると，児童がそれまでに学習用語を教わっていないという状況は珍しいことではない。下手をすれば，授業者ですら「情景」「語り手」「作者（「筆者」ではない）」などの意味を知らないこともある。

　本実践においても，児童はそれまで「地の文」「主人公」など，試案上では下の学年に登場する用語も知らない状態であった。したがって，無理のない範囲で，必要と思われる用語は積極的に，かつ繰り返し提示していった。

○**単元名**　心温まる映画風パンフレットを作ろう（全10時間）
○**教材**　　①杉みき子『わらぐつの中の神様』　②ポール・ジェラティ『ちかい』　③いせひでこ『1000の風，1000のチェロ』　④岡田淳『チョコレートのおみやげ』　⑤安房直子『かばんの中にかばんを入れて』

（①共通教材，②～⑤副教材：選択教材）

○**単元の展開**

時	学習活動	提示した主な用語
1	・教材，言語活動，学習の進め方について話し合い，学習計画を立てる。 ・『わらぐつの中の神様』を読み，初読の感想を書く。	
2	・「映画風パンフレット作り」に向けて，パンフレットを作るための「読みの視点」を考える。 ・パンフレットを作るために読み深めたいことを考え，学習課題を作る。	設定／題名／作者／場面／出来事／登場人物／あらすじ／主人公／人物像
3	・『わらぐつの中の神様』における「物語の設定」を読み取る。	設定／題名／作者／場面／出来事／登場人物／あらすじ／主人公／人物像／構成
4	・「大工さんがたくさんのわらぐつを買っていったわけ」について，互いの考えを交流する。	心情／会話文／地の文

104

5	・「わらぐつの中に神様がいるとはどういうことか」について，互いの考えを交流する。	わけ・理由
6	・「マサエが持って行った雪下駄を見たときのおじいさんの様子」について，互いの考えを交流する。 ・教師作成の，「『わらぐつの中の神様』作品紹介パンフレット」を読み，パンフレットに必要な項目を確認する。 ・パンフレットを作成するにあたって，自分が読む作品を決定する。	設定／山場／情景／ 心情／変化
7	・自分が選んだ作品を通読し，物語の設定や人物像について，パンフレットメモ（ワークシート）に書き込む。	
8	・作品の批評，感想をパンフレットメモに書き込む。	
9	・メモをもとにパンフレットを作成する。	
10	・パンフレットを完成させ，互いに読み合う。	

※授業にあたっては，物語の読解に関する学習用語（熊谷試案）を踏まえたうえで指導した。
※用語のうち，四角で囲んだものは試案における５年の用語である。

○学習用語の提示方法

　本単元では，身に付けるべき具体的知識・技能を明示し，児童と確認しながら学習活動を進めていった。児童自身に知識・技能を認識させ，実感してもらうために，具体的知識・技能は「学習用語」（熊谷試案）として提示した。本単元で扱う教材や言語活動の特性を考慮し，重点的に指導する学習用語は，

設定／題名／作者／場面／出来事／登場人物／あらすじ／主人公／人物像
／構成／心情／会話文／地の文／わけ・理由／山場／情景／変化

とした。かなり多い用語数であるが，これまでに知識としてほとんど用語を教わっていないことと，年間で最後の物語教材単元であることを考え，覚えてほしい用語は積極的に提示していった。これらのうち，試案上で５年の用語になっているものは６語のみで，合計では17語もある。通常であれば，17語という数は多い。しかし，１年生から，確実に知識として試案のとおりに指導を受けてくれば，新しく17語を教わるということにはならないであろう。（ただ，残念ながら全国の児童の多くは，教科書に掲載されている学習用語さえ教わってきていないというのが現状だろう。）

第４章　学習用語による知識・技能の意識化と自覚化　105

さて，上記の学習用語の指導は以下のようにして行った。

①映画のパンフレットを参考に，作品パンフレットに必要な項目を児童から挙げてもらう。
②児童が挙げた項目を「登場人物」「設定」「人物像」などの「学習用語」としてカテゴリー化し，板書していく。
③板書した用語は，フラッシュカードとしていつでも提示できるようにしておき，共通教材『わらぐつの中の神様』を読み深める話し合いの中で「……そうだね。そういうのを『人物像』っていうんだったよね」などと言いながら学習用語を明示，確認していく。
④学習用語が書かれたフラッシュカードは，授業においてその学習用語に関する話題になったときに，その都度，繰り返し提示し，確認していく。
⑤「登場人物」「設定」「人物像」「情景描写」など，授業で扱った学習用語を視点にした，『わらぐつの中の神様』の作品パンフレットを見本として提示，配布する。

上記のような指導の下，ある児童（S・M）は『かばんの中にかばんを入れて』（作：安房直子）を読んで作品パンフレットを作成した。以下に示したものはその一部である。

○主な登場人物の人物像
　一郎さん…若者。かばんを作るのはうまいが売るのが下手な，のんきで弱気なこの物語の 主人公 。
　トランク…話すことができる不思議なかばん。一郎さんに指示を出し，かばんを売るために旅に出る。
○この物語の見所（読み所）
　まず，第一にかばんが物を言うという 設定 。このような設定はめずらしく，興味をそそられる。そして，旅先で出会うかばん屋の主人たち。みんな売ってくれと大はんじょう。この部分で一郎さんにすごい腕があることも分かる。
　てきぱきと指示を出すトランクとのほのかな友情。それによってだんだん行動的にな

106

り，殺風景な北の町にスイセンの花をどっさり買っていこうと思う一郎さんの心情の変化。ぼくはここが一番の山場だと思った。

　授業の中で触れられてきた「主人公」「設定」「心情」「変化」「山場」などの学習用語が記述の中に具体的に登場している。そして，こうした学習用語を読みの視点として得たことが，「てきぱきと指示を出すトランクとのほのかな友情。それによってだんだん行動的になり，殺風景な北の町にスイセンの花をどっさり買っていこうと思う一郎さんの心情の変化。ぼくはここが一番の山場だと思った。」というS・Mなりの読みに生かされていることがうかがえる。

　このような児童の読みを引き出したと考えられるのが，学習用語の提示方法である。たとえば，児童S・Mのパンフレットの記述に登場する「心情の変化」という学習用語は，『わらぐつの中の神様』におけるマサエのものの見方・考え方の変化を読み取ったときに提示し，確認したものである。実際の授業の際は，共通教材である『わらぐつの中の神様』を読んでいく授業の中で，折に触れ「……このように『設定』とか，人物の『心情の変化』『山場』などに注目して読むと，より豊かに物語を読むことができますね。今回の学習が終わってほかの物語を読むときにも意識してみてくださいね」などというように，学習用語を「読みの視点（あるいはものさし）」として価値付けていった。

○児童の反応
　では，本単元を終え，児童はどのような感想を持ったのだろうか。以下にいくつか示す。

第4章　学習用語による知識・技能の意識化と自覚化　107

〈振り返りより〉

・わたしは最初，物語はあまり好きではなかったけど，この国語の時間で物語が好きになりました。自分たちで教材や活動を選んで学習を進めていったから，すごく楽しくできたと思います。いつもよりは分かりやすかったと思います。(A・C)

・今回の国語のパンフレット作りは，すごく楽しかったです。理由は，自分たちのやりたいことを，何日も考えさせてくれて選ばせてくれたし，いろいろ知らなかった「人物像」などのことを教えてくれたからです。先生が作ってくれた『わらぐつの中の神様』のパンフレットの見本はとても参考になり，よいパンフレットを作ることができました。とても楽しく国語を学習できました。(K・K)

・今まで物語はあまり読まなかったけど，今は物語をたくさん読みたくなりました。教科書にない物語を読んでパンフレットを作るのがとても楽しかった。パンフレットをすらすら書けてよかったです。(H・K)

・教科書とは別の教材を使ってみて，おもしろかった。いつもは教材や活動が決まっていて，同じことしかできないのに，今回は自由な方法でやれたので，新鮮味があり，とても楽しかった。この授業では，主人公の気持ちやその周りの人物の気持ちがより深く考えられるようになった。自分の好きな物語を選べるので，パンフレットが書きやすかった。(I・H)

・物語はきらいだったけど，自分で決めた課題と物語で学習したから好きになった。二つの物語だと，あきずに楽しむことができる。いつもより分かりやすく学習できて，自分のペースにあわせてパンフレットを作ることができました。(M・S)

・いつもの国語の授業より今回のほうが勉強が楽しくなって，国語の授業の
ときにパンフレットを書くのがとても楽しくなりました。前より，国語が
好きになった感じもします。つまらなかったところは一つもありませんで
した。全部1時間目〜10時間目まで，とても楽しかったです。(K・E)

　これらのほかにも，学習の振り返りの中には，「『人物像』や『設定』など
いろいろと知らない言葉が出てきたけれど，これから物語を読むときに，そ
ういうことも見つけながら，楽しく国語をやっていきたいです。(Y・M)」
などの声もあった。
　上記のように，授業の中で学習用語を明示し，扱っていくことで，「今こ
ういう知識・技能を身に付けているんだよ」という押さえがより確実になり，
物語教材を用いた学習の意義・意味を児童に認識，実感させていくことがで
きる。それはすなわち，学びの必然性を作っていることにほかならない。
　本実践において，物語教材を読む学習を「嫌い」という児童は，単元に入
る前の時点で29名中11名であったが，学習後の振り返りには，26名が肯定的
な感想を書いている。中には，「わたしは最初，物語はあまり好きではなか
ったけど，この国語の時間で物語が好きになりました。(A・C)」というよ
うに，自己の変容を書いている児童もいた。
　学習用語による「知識・技能の具体化・明確化」の，学びの必然性を作る
ことへのある一定の貢献を見て取ることができる。先に例示したS・Mのパ
ンフレットの記述にある「学習用語を視点として読みを深めている姿」や，
K・Kの「今回の国語のパンフレット作りは，すごく楽しかったです。理由
は，（中略）いろいろ知らなかった『人物像』などのことを教えてくれたか
らです。」という言葉など，用語の明示，確認による「身に付く力の実感」
が，授業の様々な場面に表れていた。

第4章　学習用語による知識・技能の意識化と自覚化　109

②学習用語を継続的に教わっている場合の実践

〜光村図書６年物語教材〜

○**単元名** 読書座談会をしよう（全10時間）

○**教材** 宮沢賢治『やまなし』

○**単元の展開**

時	学習活動	提示した主な用語
1 2	・『よだかの星』の読み聞かせを聞き，宮沢賢治を知る。 ・『やまなし』の読み聞かせを聞き，初読の感想（心に残ったこと，疑問に感じたところ，いいなと思った表現など）を書く。 ・新出漢字の練習をする。	
3	・感想を基に，読書座談会をする計画を立てる。	
4 5 6	・座談会で「共通の土台」で話し合うために，設定（登場人物・場面・時・出来事），場面の様子，人物の行動を確認する。	登場人物／場面／出来事／設定／様子／行動／比喩／対比
7	・座談会の話題を決める。 →話題①：クラムボンとは何なのか。 →話題②：なぜ題名が「やまなし」なのか。 →話題③：作者・宮沢賢治は，この作品で何を言いたかったのか。	主題
8	・「話題①：クラムボンとは何なのか。」について互いの考えを交流する。	擬態語
9	・「話題②：なぜ題名が『やまなし』なのか。」「話題③：作者・宮沢賢治は，この作品で何を言いたかったのか。」について互いの考えを交流する。	擬音語／象徴／主題／語り手
10	・学習のまとめをし，感想を書く。	

※授業にあたっては，物語の読解に関する学習用語（熊谷試案）を踏まえたうえで指導した。
※用語のうち，四角で囲んだものは試案における６年の用語で，かつ初めて提示したものは太字にしてある。

○**学習用語の提示方法**

　本単元では，新たに三つの学習用語を提示した。用語数が先の実践例と比べて３と少ないのは，それまでにある程度の積み上げがあるからということもある。

　それでも，本学級は持ち上がりで担任したわけではなく，下学年で教わっ

てくるべき用語を知らないということが多かった。知識・技能，すなわち用語の系統的指導が途切れることなく，段階的・継続的になされることの必要性を，あらためて強く感じる。

　さて，用語の提示方法であるが，本実践においては，野口芳宏[19]の言葉を借りれば「ゲリラ的に」提示していくこととした。つまり，どこでどの言葉を出すかは決定しておかないということである。これは，先の実践例「映画風パンフレット作り」に比べて用語を提示するタイミングを想定しづらかったからである。言語活動がオープンエンドな「読書座談会」であったことも要因として挙げられるかもしれない。映画風パンフレット作りの際は，パンフレットのページに記述するための「項目」として，「人物像」「設定」などの学習用語を単元のはじめのほうで大方は提示することができた。「映画風パンフレット」という具体物を作る活動のように，<u>言語活動のゴールがしっかりと決まっていればいるほど，用語を提示するタイミングは想定しやすい</u>といえよう。逆に本実践の読書座談会のように，言語活動のゴールが流動的・抽象的だと想定が難しくなる。

　とはいっても，無計画では用語提示，ひいては知識・技能の指導ができない。したがって，あらかじめ教えたい用語をリストアップしておき，それらの用語をいつでも出せる準備をしておいて，それらの用語群に関連する発言を児童がしたときにすかさず提示する，という方法をとった。

　実際には次のような方法での用語提示となった。

---

①熊谷試案をもとに『やまなし』を教材分析し，教えられそうな用語を取り出す。

　→登場人物／時／場面／出来事／設定／様子／行動／比喩／対比／主題／擬態語／擬音語／象徴／主題／語り手

②用語につながっていく可能性のある活動場面，叙述，発言を想定しておく。

---

[19] 『教育科学　国語教育』明治図書ほか。野口氏は2008年6月26日，熊谷との話の中で「自分は学習用語の指導を，ひとまず『ゲリラ的に』と主張しているが，できれば学年の系統があったほうがよい。」という話をしている。

例）設定：座談会の前に「やまなし」がどんな話なのか共通理解をする場面で

　　対比：「五月」と「十二月」を比べる発言をしたときに

　　比喩：日光の黄金，コンパスのように，光のあみ，鉄砲だまのようなもの，青白い

　　　　　ほのお……など

　　擬態語：かぷかぷ，つぶつぶ，もかもか，ゆらゆら……など

　　擬音語：トブン，水はサラサラ鳴り……など

　　象徴：題名がなぜ「やまなし」なのか考える場面で

③児童が用語につながる発言や指摘をしたときに，用語を教え，板書する。

④思いがけず，想定していない用語（下学年配当の用語など）につながるような発言を児童がした際にも，すかさず発言を取り上げ，用語として教え，板書する。

　先に野口の言を引いて「ゲリラ的に」と述べたのは，用語につながる場面や発言をある程度想定したとしても，その場面や発言がどのタイミングで出るのか想定するのは難しいからである。特に，児童の自主的，主体的言語活動の実現を目指したとき，このようないつでも用語提示ができる「ゲリラ的待ち」の姿勢が必要になってこよう。

○児童の反応

　単元終了時，単刀直入に「学習用語のよさの実感」を尋ねてみた。学習用語の提示によって，授業に分かりやすさやおもしろさ，新鮮味が出るであろうというのが本書の立場であるが，児童自身は実際にどう感じているのか知りたかったからである。代表的なものを以下に示す。

〈振り返りより〉

・「語り手」については，物語をよく読み取れるようになってよかった。「擬音語」「擬態語」は互いに，一緒に覚えることで音や様子の表現を理解できてよかった。「主題」は作者が言いたいことなどがよく理解できるようになってよかった。(I・T)

・「語り手」の意味がわかってなぞがとけた。「擬音語」「擬態語」は新しい言葉で，覚えてよかった。(Y・R)

・「やまなし」のように，最初と最後が「私」になっている本をたくさん読んできたので，そこに出てくるのが「語り手」だと分かってうれしく，また本を読みたくなりました。「比喩」は，それまで比喩なんて全然分かりませんでした。比喩と習ってから，たとえ言葉が増えたように思います。「擬態語」は音でもないのに片仮名で書くことが多かったので，教えてもらって感謝感激です。(E・R)

・「やまなし」の最後の文の「私」が宮沢さんではなく「語り手」だったところがこれから使えそうでよかった。「比喩」という言葉を知らなかったから教えてもらってよかった。(M・M)

・作者の気持ちを読み取るとき，語り手の気持ちを書いていたときがあったけど，そこは直せた。比喩はそれまでまったく分からなかったけど，ノートに書くときも使えるようになった。擬音語，擬態語は互いに混ざって分からなくなったときもあったけど，教わって大分区別がついてきた。「主題」も，教わったら今まで知らなかったことも分かって，授業で少し活用できるようになった。(S・M)

・「語り手」は，中学年のころ習っているはずで，でも覚えていなかったから，6年になって教えてもらってよかった。「やまなし」では比喩がたくさんあったから教わってよかった。「擬音語」「擬態語」は6年になって初めて知ったからよかった。(Y・S)

　それまで，「私」を作者・宮沢賢治だと信じて疑わなかった子供たちにとって，「語り手」という用語への反応が強くなるのはやむを得ないかもしれ

第4章　学習用語による知識・技能の意識化と自覚化　113

ない。

　それはさておき，こうした児童の振り返りを読む限り，率直にいって「用語を教えてもらってとてもよかった」という「強い」実感を読み取れるわけではない。しかしながら，淡々とした振り返りの文章の中にある「新しく知ることができてよかった」というような感想は，本来子供もたちが持っている知的好奇心・欲求の発露であろう。

　子供は新しい言葉を知りたい。新しい知識を，概念を得たいのである。こうした欲求にこたえていく役割を，学習用語は担っている。

　学習用語によって，新たな知識と観点を得，読みの行為に移せたとき，子供は充実感を得る。教える側も，その成長を称賛し，子供と共に喜ぶことができる。今までのように，なんとなく「深く読めるようになったね」とぼんやり褒めるのではなく，「こんな知識・技能を身に付けて読めるようになったね」と具体的に指摘できるのである。

　具体的な指摘には説得力がある。子供は成長の実感が持てる。

　そこにこそ，学習用語の価値はある。

第5章

学習用語を獲得させる意義

　本書の出発点は，物語教材を使った授業で身に付けるべき知識・技能を明確かつ具体的にしたいという願いであった。知識・技能が身に付くから学習はおもしろく，またうれしい。やりがいを感じるのである。だからわれわれは物語を使った授業でも知識・技能を身に付けさせてやるべきであるし，そのために学習用語がある。

　したがって，先の試案で示した学習用語を教えていくことが，物語教材を読むための知識・技能につながっていくともいえる。

　しかしその一方で，子供たちが学習用語を通して知識・技能を仮に手に入れたとして，その知識・技能に一体どんな意義があるのだろうか。

　本章では，学習用語の向こう側，すなわち学習用語の先にある意味や意義を考えていきたい。

1　読みの広がりと深まり

　第4章の試案において，学習用語を3層に分類した。その分類に従って学習用語を教えると，児童はまず

　①新しい「知識」を得る

また，授業をする指導者から

　②読みのための「観点」を与えられる

そして，これらの知識や観点を携えながら

　③読み取ったり味わったりする「行為」に及ぶ

わけである。

　では，実際の授業場面を想定してみよう。

　ある5年生の教室で「情景」という用語を教えるとする。教科書によると，

第5章　学習用語を獲得させる意義　115

情景とは「人物の心情とひびき合うようにえがかれた風景や場面の様子」
（H27〜31光村図書　5年）のことである。
　しかし，「情景」という知識を手に入れたことで何になるというのだろう
か。意義はあるのだろうか。
　果たして，意義はあるのである。「情景＝風景」ではない。「情景＝様子」
でもない。心情と風景が合わさって初めて情景なのである。こうして，情景
の存在を認識したことで，児童は情景描写を探すことができるようになる。
『大造じいさんとガン』でいえば，

　・秋の日が，美しくかがやいていました。
　・あかつきの光が，小屋の中にすがすがしく流れこんできました。
　・らんまんとさいたスモモの花が，その羽にふれて，雪のように清らかに，
　　はらはらと散りました。

『大造じいさんとガン』（国語5年　光村図書）

などがこれに当たる。かくして，それまで風景の描写や様子の描写しか認識
できなかった児童は，上のような表現に出会ったとき，情景描写として認識
し読み味わうことができたり，あるいは情景描写であるかどうか思考しなが
ら読むことができたりするようになるのである。ということは，叙述の表層
しか読めなかったのが，叙述の奥に隠れた心情を想像することができるよう
になるということである。これは読みの「深まり」を引き出したといえよう。
　『大造じいさんとガン』の情景描写を読み取れた児童たちは，別の作品に
出会ったときも，情景描写に気付いたり，情景描写を探したりできるように
なっていくであろう。少しずつ，深く読めるようになっていくのである。こ
れは「過ぎた深読み」ではない。一時期叫ばれた「詳細な読解への偏り」を
表すものでもない。児童がこれから出会うであろう様々な文学作品を，正し
く，深く読めるようになるための，必要な知識・技能なのである。

116

二瓶弘行[20]は言う。

　文学作品を読む意義とは，言葉を通して自分の作品世界を創造することにある。そして，「作品の心」（作品が自分に最も強く語りかけてくること）を受け取ることにある。
　そのため，一人の読者として作品を深く読もうとするとき，人はさまざまな観点から関わろうとする。例えば，作品の構造であり，設定であり，あらすじであり，繰り返し出てくる重要な表現であり，人物関係であり，視点である。
　この自力で作品を読み進める観点を子どもたちに与えることが，国語教室の役割ではないのか。もっと言えば，教師である私自身が新しい作品を扱う際に当然のようにする「教材分析・教材研究」を，子ども自身が「学習材分析・学習材研究」として自ら為す力を獲得させることこそ，国語教室の役割ではないのか。

（二瓶弘行著「文学作品の『自力読み』の力を系統的に獲得させよ」
『子どもと創る「国語の授業」NO.29』東洋館出版社，2010）

　子供が自分自身で読み進めるようにすべきだという二瓶の主張に異論はない。二瓶の言葉でいう「観点を与えること」は，本書における「学習用語を与えること」と非常によく似ている。
　学習用語が単なる知識のまま留まっていたら，それは価値が薄いと言わざるを得ない。乱暴な言い方をすればそれはただの薀蓄である。しかし，用語という知識を得たことによって認識をし，観点を得，技能的行為に及んでいったとき，学習用語は単なる知識や薀蓄ではなくなり，児童が自力で深く読んでいくための知識・技能へと変化していくのである。

---

[20]　二瓶弘行著「文学作品の『自力読み』の力を系統的に獲得させよ」『子どもと創る「国語の授業」No.29』東洋館出版社（2010）

第5章　学習用語を獲得させる意義　117

2 学習の円滑化

　学習用語を教えることの利点として，もう一つ「学習の円滑化」が挙げられる。

　用語は，児童が学習の中で表現や理解をする際に，便利な「道具」にもなるのである。これはどういうことかというと，たとえば児童が自分の考えや感想を表す場面で，回りくどい表現をしなくて済むということである。

　先の例でいうと，5年児童が「情景」という用語を獲得すれば，その後，児童たちは考えを述べるときも感想を述べるときも，わざわざ「人物の心情とひびき合うようにえがかれた風景や場面の様子」というのではなく，一言「情景」と言えばよいわけである。

　以前，6年生児童と『やまなし』を読みながら「なぜ題名が『やまなし』なのだろう」という話題で話し合っていたときに，ある児童が次のような解釈を述べた。

　「やまなし」っていうのは，かにの兄弟や親子が仲良く平和に暮らしている「十二月」の場面に出てきているから，仲のよさや平和な感じを，こう……，なんていうか……，やまなしに形を変えて表しているんじゃないかと思います。だから，仲がよくて平和な世界を願って宮沢賢治さんは題名を「やまなし」にしたんだと思います。

こうした場面で「象徴」という用語を教え児童が身に付ければ，次の機会から

　「やまなし」は仲のよさや平和を象徴しているのだと思います。

と言うことができる。学年が上がるにつれ，獲得する用語は増えていくわけだから，それだけ授業中のやりとりもより端的に，効率的になるわけである。授業中のやりとりが端的に，効率的になるということは，理解を促進し，かつさらなる学習活動時間を生み出すということでもある。

118

3 「書くこと」への作用

　物語を読むことで，児童は物語から様々な影響を受ける。書き出しや結び
の書かれ方，語り手の語り方，情景描写，心情描写，比喩・倒置などの表現
技法……などである。ただし，放っておいても好影響を受ける場合と，全く
影響を受けない場合がある。学習用語は，こうした好影響を与えることを促
進・強化する役割も持つといえる。もちろん，物語単元で学んだ学習用語が
知識・技能となってすぐさま児童の書く文章に反映されるわけではない。し
かし，少しずつ時間を経ながら児童は表現力を伸ばしていく。

　先の用語，「情景」の例でいえば，「表面上は様子を表していながら，実は
同時に人物の心情をも表す方法がある」という認識があれば，よくある行事
作文の中ででも，情景描写を駆使しながら書くことにつながっていく。

　次の文章は，児童Yが，日光修学旅行中に発熱してしまい，宿で寝ながら
体調の回復に努め，幸いにしてその後回復し，最後まで帯同できたことを書
いた行事作文である。

　……現実的に考えると，朝七時から十時の間に二度，三度と熱が下がるわ
けがない。心の中から回復を信じる自分が消えた。
　ぼくは気分が悪くなり少し寝た。
　目が覚めたのはもうすぐ十時になるころだった。
　<u>ふとまどを見た。日光の青い空。まだ雪の残っている山々。まるで宝石の
ようにきらめいていた。</u>（傍線部：熊谷）
　どうせ無理だろうと思っていたが，熱を計ると，寝たせいか三十六度八分。
そういえば体も軽くなっているような気がする。
　ずっと看病してくれていた先生が，
「この熱なら，足尾銅山に行っても大丈夫だね。」
と言った。
「やったあ。」

第5章　学習用語を獲得させる意義　119

ぼくは子供みたいにはしゃいだ。まだ子供だけど。

　傍線部は，ただの様子の描写ではない。まして心情描写でもない。間違い
なく情景描写である。その中に比喩もある。無意識か意識してか，回復の予
感をさせる伏線も兼ねた情景描写をしている。Y児にしては，妙に大人っぽ
い表現技法を駆使し，背伸びした感じがないわけでもない。かつて担任して
いた身としては，やや出来すぎ感すら感じる。（もちろん，この作文は称賛
に値しない，という方もいらっしゃるかもしれない。）しかし，こうした背
伸び感，出来すぎ感すら健気ではないか。これが子供の持つ素直さだったり
可愛らしさだったりするのではないか。

　ともあれ，繰り返しになるが，用語を与えればすぐこうなるというわけで
はもちろんない。しかし，積み重ねというのは確実に目に見えるようになっ
てくる。経験からいうと，自分自身が駆け出しのころ，つまり，自分は何の
知識・技能も意識せず，児童には意識させずに物語を読む学習指導をしてい
たころは，学級の中にこのような行事作文を書く児童は見当たらなかった。

　学習用語が与えてくれる読むことの知識や観点は，書くことにおける知識
や観点にもなってくれるのである。したがって，日常の授業で児童が作文を
書く際に，指導者が「書くこと」に特に使えそうな知識や観点を用語として
板書するだけでも，出来上がってくる文章は随分違ったものになる。それは
なぜかというと，用語によって表現方法を意識するからである。学習用語は
表現方法の意識化を促すのである。

4　新しい世界の感受と認識の獲得・深化

　平成27～31年版光村図書の教科書に，本試案でも５年生に位置付けた「人
物像」という用語が出てくる。５年生『なまえつけてよ』（蜂飼　耳作）の
学習の手引きの中にだ。学習の手引きは，最後に たいせつ というコーナー
を作り，そこで次のように述べている。

120

登場人物どうしの関わりは，何かの出来事をきっかけにして変化していく。

　登場人物どうしの関係とその変化から，それぞれの人物像や，心情のうつり変わりをとらえることができる。

　<u>物語の中の人物や人物どうしの関係を理解することは，現実世界での人間理解を助け，自分のものの見方や考え方を深めることにもつながる。</u>（傍線部：熊谷）

『国語5年』（光村図書）

　上の文章によると，物語の中の「人物像」「人物の相互関係」（本試案5年用語）を理解することで，現実世界での人間理解が助けられ，深まるということになる。

　「人物像」や「人物の相互関係」という用語を覚えることと，現実世界での人間理解をすることとは，確かに違う。しかし，用語を知識として得，その知識を読みの観点とし，想像したり鑑賞したりすることで，物語の世界と現実世界を行き来することにはつながっていくであろう。

　学習用語は，単独では目的にはなり得ないし，到達点でもない。しかし，学習活動や日常の生活に使われるべき知識・技能の「具体像を持った入り口」とはいえないか。

　前出の鶴田が言うように，そもそも物語のような文学的文章は，自由気ままに，自分のペースで読めばいい。しかし，これを教室で読む意義があるとすれば，今まで知らなかった読み方を知ったり，友達や先生の解釈を聞いて認識を深めたり，広げたりすることができる点であろう。

　教室で友達と一つの物語を読み合うことについて府川源一郎[21]は次のように述べている。

　読み合うことがなぜ面白いのか。それは一言でいって，他人の〈読み〉を

---

[21] 府川源一郎著『文学すること・教育すること』東洋館出版社（1995）

第5章　学習用語を獲得させる意義　121

通して，テクストが新しく見えたり，友だちが新しく見えたりする経験をするからだ。今までと違った風景が目の前に現れる，それが面白いのである。そのとき，テクストはそうした異なった風景を呼び出す装置＝仕掛けとして機能している。

　教材という観点からいえば，そうした可能性を豊かに持っている作品こそがすぐれた教材だ，ということになるのだが，その可能性は必ずしも見やすい形で転がっているとは限らない。それはこちらが作品から掘り出さなくてはならないものでもあるのだ。

（府川源一郎著『文学すること・教育すること』東洋館出版社，1995）

　府川の言葉を借りるなら，「今までと違った風景を呼び出す装置＝仕掛けとしての機能を作品から掘り出す」ための何かが必要なのである。仕掛けとしての機能には，輪郭があったり呼称があったりするであろう。しかしながら，教員としての経験，物語教材を使った授業の得手不得手，その他諸々の事情により，こうした輪郭や呼称に指導者自身が気付けない場合もある。見えない場合もある。だとするならば，こうした輪郭ないし呼称を浮き彫りにし，明確にしてくれるのが学習用語といえる。「仕掛けとしての機能を作品から掘り出すための」不可欠な要素として学習用語は存在しているのである。

　もちろん，学習用語は最終到達目標ではないから，それは知識・技能「的なもの」であっていいし，何らかの「きっかけ」であってもいい。ただし，物語の授業に不可欠なる「知識・技能的なもの」であり，不可欠なる「きっかけ」である。こうした物語の授業において不可欠なる「知識・技能的なもの」「きっかけ」によって，子供たちが新たな世界を見たり感じたり，あるいは認識を得たり深めたりすることができたなら，それこそが「学習用語のその先にあるもの」といえるのではないだろうか。

　大そうな言い方を許してもらえるなら，学習用語は，子供たちをして，新しい世界の感受や，認識の獲得・深化をせしめるものなのである。

おわりに

　本書では，小学校における物語教材で教えていきたい知識・技能を，学習用語という形で明確化・具体化し，系統試案に示した。

　成果として挙げたいのは以下の3点である。

　1点目は，今までのすべての学習指導要領，全社（5社）の現行教科書，様々な先行実践・研究から，物語（文学的文章）を読むための知識・技能的な要素を洗い出し，抽出したことである。

　学習指導要領に関していえば，最新版（平成29年版）のみならず，今までのものすべてに当たったことには意図がある。学習指導要領は，周知のとおり，時代の波を受けて，振り子のように，ある方向に振られたり戻ったりしていく。しかし，どの時代においても，どの方向に振られても，変わらぬ要素はあるはずなのである。あるいはまた，一時期は姿を消しても，また20年，30年と時を経て，必要だと再要求される要素もあろう。だから，すべての年代の指導要領に当たる必要があった。結果，「大外し」あるいは一過性ではない「知識・技能的要素」を抽出できたのではないかと思う。

　また，現行（平成27〜31年版）すべての教科書と，様々な先行実践・研究から学習用語レベルでの知識・技能を拾い，整理したことで，一定の信頼度がある，系統化のための根拠が得られたと考えている。

　2点目は，学習指導要領，全社（5社）の現行教科書，様々な先行実践・研究などを基礎資料として，曲がりなりにも学習用語を学年ごとに振り分けた試案を示したことである。

　本試案中のいくつかの用語が，来年度以降使用，あるいは改訂されていく各社の教科書の中でも，提示されていくことを期待したい。

それでも，学習用語として強調して提示される語句ばかりではなく，教科書の文章の中でさりげなく「一般的語句」として使用されている語句も多いのであろう。教科書会社には，なんとか本試案で示したような学習用語群を，正真正銘の「学習用語」として**太ゴシック体**などの強調文字で採用・提示していただけないかと，期待をしているところである。ただし，仮に願いがかなったとしても，次の教科書の改訂には，また何年か待たねばならないであろうか。

　３点目は，教科書においても，様々な先行実践・研究においても，すべて一緒くたにされていた学習用語を三つの層に分けて提示したことである。
　知識としての用語，観点としての用語，行為としての用語は，どれもすべて学習用語といえるが，児童にとっては受け止める感覚が違う。刺激の違いといってもよい。また，教える側からすれば，層の違いによって，教える場面や状況が違ってくるはずなのだ。知識であれば「教授する」場面・状況，観点であれば「示す」場面・状況，行為であれば「〜してみよう」と「促す」場面・状況ということになろう。
　さらに，これら３層の区分けは明確に区別できる線があるわけではなく，ある程度の重なりがあるということも意味のある分析として見ておきたい。

　一方で，課題としては以下の３点が挙がる。

　１点目は，試案そのものの精度である。試案に示した用語群で本当に「必要十分」なのか，ある程度の授業実践の時間と，他からの批判，検討を待たねばなるまい。

　２点目は，用語一つ一つの定義，名称（呼称），そして意義・価値のさらなる検討の余地があるということである。本書においては各用語の定義や名称に関しては，特に問題として取り上げていない。また，本書の中で，いく

つかの用語を例にとり，用語を教える意義・価値は示したものの，一つ一つの用語の精査はこれからも継続されなくてはなるまい。

　3点目は，物語を中心とした文学的文章に限定するのではなく，説明的文章においても，知識・技能の明確化・系統化がなされなくてはならないということである。もっといえば，「話すこと・聞くこと」「書くこと」の指導に必要な学習用語も，整理・系統化される必要がある。すでにいくつかの先行実践・研究はあるが，用語選定の根拠や用語の数に不満は残る。したがってこの点に関しては，今後の自分自身の課題として追究していきたい。

　以上第1章から5章まで，論を進めてきた。

　最後に確認しておこう。

　学力低下，基礎・基本の欠落が声高に叫ばれる時代ゆえ，知識・技能が必要なのではない。また，知識・技能を身に付けさえすれば，物語を読む意義がすべて達成されていくわけでもない。無警戒な「技能主義」に対しては，府川[22]も次のように警鐘を鳴らす。

　　段階的に設定された読解技術や作品の分析方法を身につける目的で教材を読むことはいうまでもなく大事なことではあるが，それが自らの認識を変え，新しいものの見方を作り出し，ひいては人間形成にどのように関わっていくのかを視野に入れることが，物語を読むことと子どもたちの成長を考える場合に最も肝要なところである。というのも，言語技能の獲得ということ一つをとってみても，読み手の側の知的興味や主体的な問題意識と結びついてい

---

[22]　府川源一郎著『文学すること・教育すること』東洋館出版社（1995）

おわりに　125

なければ，そこで身につけさせようと意図した言語技能自体も形骸化してしまい，それを自分から使いこなすまでには至らないからである。

(府川源一郎著『文学すること・教育すること』東洋館出版社，1995)

　能力主義・技能主義に陥った瞬間，知識・技能の衣をまとった学習用語は，空疎な蘊蓄か，無意味な高慢でしかなくなる。だから間違っても，用語を習得させること「だけ」を追求するような「学習用語主義」になってはいけない。

　教材と，子供たちと，授業者が有機的につながってこそ，授業で物語を読む意味はある。これら三者をつなげるものとして，物語を読むための知識・技能が必要なのであり，学習用語が存在する。

　子供が用語を教わることで，読むことが楽しくなったりうれしくなったりしたときに初めて，用語は血の通った知識・技能になり得たといえるのだ。

　このことを，自戒の意味も込め，常に心に留め置き，筆を置きたいと思う。

＊＊＊

　拙い本書ではあるが，ここまでくるのに，実に12年かかった。

　思えば12年前，横浜市教育委員会より一般派遣研究生として髙木まさき研究室にお世話になったことが始まりであった。そういう意味でも，最初の1年間，公費で研究させていただいたことを，横浜市教育委員会には心から感謝したい。

　この12年間，拙著執筆のための研究にあたり，最もお世話になり，御指導を頂いた髙木まさき先生とは出会ってから実に25年が経つ。すばらしい業績と尊敬すべき頭脳を持ちながら，いつも穏やかで，かつ物腰柔らかく，細か

なところまで丁寧に教えてくださった。髙木先生が，時折さりげなく下さる示唆や助言は，私自身が自己の問題を言語化できず，もやもやした感触になっているのをすっきりと整理してくれ，解決に確実に近づけてくれた。曲がりなりにも小学校6年間の学習用語を試案として提示できたのも，髙木先生が紹介してくださった資料に負うところが大きい。本当に，いくら感謝しても感謝しきれない。

　最後に，本書の刊行にあたり，国語教育への確かな情熱を内に秘め，的確に助言を下さり，最後まで温かく見守り，粘り強く導いてくださった明治図書，林知里さん，そして佐藤智恵さん，粟飯原淳美さんに心から御礼申し上げたい。
　本当にありがとうございました。

熊谷潤平

【著者紹介】

熊谷　潤平（くまがい　じゅんぺい）

1972年、岩手県一関市藤沢町に生まれる。
横浜国立大学大学院教育学研究科言語文化系教育修士課程修了。
横浜市立小学校教諭を経て、現在横浜市立西が岡小学校副校長。

主な分担執筆書籍

『豊かな言語活動で確かな国語力を！　言語活動別言語能力系統化』（明治図書）

『豊かな言語活動で読解力を育てる　活用する力が高まる授業』（東洋館出版社）

『豊かな言語活動を図る単元の構想　活用して、知識・技能を獲得する』（東洋館出版社）

『子どもが輝く「いい授業」　小学校国語・物語教材編』（学事出版）

『若い先生のための「いい授業」づくり　説明文を楽しく読む』（東洋館出版社）

『若い先生のための「書くこと」の授業づくり　今すぐ使える授業展開13〜』（東洋館出版社）

『若い先生のための「話すこと・聞くこと」の授業づくり　教材研究から応用まで！今すぐ使える授業実践15』（東洋館出版社）

国語教育シリーズ
小学校　学習用語による知識・技能の可視化・具体化で物語の授業を変える

2019年12月初版第1刷刊 ©著　者	熊　谷　潤　平
発行者	藤　原　光　政
発行所	明治図書出版株式会社

http://www.meijitosho.co.jp
(企画)林　知里・佐藤智恵 (校正)粟飯原淳美
〒114-0023　東京都北区滝野川7-46-1
振替00160-5-151318　電話03(5907)6703
ご注文窓口　電話03(5907)6668

＊検印省略　　　組版所　広研印刷株式会社
本書の無断コピーは，著作権・出版権にふれます。ご注意ください。

Printed in Japan　　ISBN978-4-18-291810-0
もれなくクーポンがもらえる！読者アンケートはこちらから →